Einleitung

Bienvenue in der faszinierenden Welt von Ethereum, einem revolutionären Ökosystem, das weit über die Grenzen der digitalen Finanzen hinausgeht. Stellen Sie sich einen Raum vor, in dem Transaktionen nicht nur monetäre Austausche sind, sondern selbstausführende Verträge, in dem Anwendungen ohne zentrale Autorität funktionieren können und in dem Innovation der Treibstoff jeder Codezeile ist.

Dieses Buch ist Ihr Ticket, um die Tiefen dieser Blockchain-Plattform zu erkunden. Ethereum verkörpert mehr als nur eine Kryptowährung – es ist eine technologische Revolution. Es ist eine leere Leinwand für kreative Köpfe, eine dezentralisierte Infrastruktur, die neu definiert, wie wir Vertrauen aufbauen, Verträge verfassen und Anwendungen entwickeln.

Im Verlauf dieser Seiten werden Sie erfahren, wie Ethereum von einer kühnen Vision zu einer revolutionären Realität wurde. Wir tauchen in seine Grundlagen ein, erforschen die Magie der Smart Contracts, entwirren die komplexen Mechanismen der Blockchain und navigieren durch ein dynamisches Ökosystem innovativer Projekte.

Doch Ethereum ist weit mehr als nur eine Technologie: Es ist eine globale Gemeinschaft von Innovatoren, Entwicklern und Denkern, die die Zukunft der Finanzen, der Governance und darüber hinaus gestalten. Wir untersuchen ethische Herausforderungen, regulatorische Hürden und die Versprechen der Ermächtigung, die diese Revolution mit sich bringt.

In diesen Seiten tauchen wir in die Tiefen einer sich ständig weiterentwickelnden Technologie ein, untersuchen ihren Einfluss auf die globale Wirtschaft, ihr Potenzial, unsere Gesellschaften zu formen, und ihre Rolle bei der Transformation zahlreicher Branchen.

Dieses Buch ist eine Reise durch die Tiefen der Blockchain, in der jeder Abschnitt ein Fenster in eine sich ständig wandelnde Welt ist, in der Innovation und Zusammenarbeit eine vielversprechende Zukunft gestalten.

Begleiten Sie uns auf der Erkundung von Ethereum, von seinen Anfängen bis hin zu seinen Auswirkungen, von seinen Herausforderungen bis zu seinen Triumphen, und entdecken Sie, wie diese technologische Revolution unsere Zukunft definiert.

Inhaltsverzeichnis

Kapitel 3: Smart Contracts und Entwicklung auf Ethereum

1. Tiefgreifendes Verständnis von Smart Contracts: Funktionsweise und Anwendungen.
2. Praktischer Leitfaden zur Entwicklung von Smart Contracts auf der Ethereum-Plattform.

Kapitel 4: Proof of Stake (PoS)

1. Erläuterung des Übergangs von Proof-of-Work (PoW) zu Proof-of-Stake (PoS).
2. Umweltvorteile und Sicherheitsaspekte im Zusammenhang mit PoS.

Kapitel 5: Skalierbarkeit und Ethereum 2.0

1. Herausforderungen der Skalierbarkeit bei Ethereum und vorgeschlagene Lösungen.
2. Einführung von Ethereum 2.0, dem Konzept des Sharding und technischen Updates.

Kapitel 6: Projekte und dezentralisierte Anwendungen (DApps)

1. Erkundung beliebter DApps auf der Ethereum-Blockchain.
2. Einfluss von Ethereum auf die Entwicklung dezentralisierter Anwendungen.

Kapitel 7: Dezentrale Finanzen (DeFi) auf Ethereum

1. Vorstellung führender DeFi-Protokolle, die auf Ethereum aufgebaut sind.
2. Analyse der Chancen und Herausforderungen im DeFi-Sektor.

Kapitel 8: Regulatorische und rechtliche Entwicklung von Ethereum

1. Aktueller Stand der weltweiten Regulierung im Zusammenhang mit Ethereum.
2. Auswirkungen regulatorischer Entwicklungen auf die Ethereum-Adoption.

Kapitel 9: Die Ethereum-Community

Rolle der Community bei der kontinuierlichen Entwicklung von Ethereum.

Kapitel 10: Ethereum und technologische Innovation

1. Die neuesten technologischen Entwicklungen auf Ethereum.
2. Potenzielle Auswirkungen auf die Zukunft der Blockchain und dezentraler Anwendungen.

Kapitel 11: Wirtschaftsanalyse und Preistrends

Erforschung der wirtschaftlichen Auswirkungen von Ethereum und Analyse der Einflussfaktoren auf den ETH-Preis.

Kapitel 12: Ethik und soziale Fragen

Überlegungen zu den ethischen Implikationen der Nutzung von Ethereum und ihrem sozialen Einfluss.

Kapitel 13: Zukünftige Trends und Prognosen

Erkundung zukünftiger Prognosen und Trends für Ethereum, einschließlich möglicher Szenarien.

Kapitel 14: Sicherheit und Schwachstellen von Ethereum

1. Gründliche Analyse früherer Sicherheitslücken auf Ethereum.
2. Darstellung aktueller Sicherheitsmaßnahmen und Trends auf der Plattform.

Kapitel 15: Fortgeschrittene technische Entwicklung

1. Untersuchung laufender Forschung und fortschrittlicher technischer Entwicklungen auf Ethereum.
2. Perspektiven zu möglichen Entwicklungen der Protokolle und zugehöriger Technologien.

Kapitel 16: Ökonomie und Ethereum-Ökosystem

1. Untersuchung der internen Wirtschaft von Ethereum, einschließlich Transaktionsgebührenmodellen, Anreizen für Miner und Validatoren usw.
2. Analyse des Einflusses von Ethereum auf die globale Kryptowährungswirtschaft.

Kapitel 17: Adoption, Nutzung und reale Anwendungsfälle

1. Untersuchung realer Anwendungsfälle von Ethereum in verschiedenen Branchen (Finanzen, Lieferketten, Governance usw.).
2. Bewertung der Akzeptanz von Ethereum in Unternehmen und bei Endbenutzern.

Kapitel 18: Bildung, Schulung und Ressourcen

1. Ressourcen für das Lernen und die Schulung in Bezug auf Ethereum: Anleitungen, Tutorials und bewährte Verfahren.
2. Bildungs- und Sensibilisierungsinitiativen zu Ethereum weltweit.

Kapitel 19: Zusammenfassung externer Perspektiven

Interviews oder Beiträge von externen Experten, die vielfältige Einblicke in die Zukunft von Ethereum und der Blockchain-Technologie bieten.

Kapitel 20: Globale und geopolitische Perspektiven

Analyse der Auswirkungen und der Akzeptanz von Ethereum in verschiedenen geografischen und sozioökonomischen Kontexten weltweit.

Kapitel 21: Partnerschaften und Zusammenarbeit

1. Zusammenarbeit mit anderen Blockchains und namhaften Protokollen.
2. Einfluss von Partnerschaften auf das Ethereum-Ökosystem und die Blockchain im Allgemeinen.

Kapitel 22: Fortgeschrittene Konzepte und technologische Entwicklungen

1. Tiefgehende Erkundung aufkommender Konzepte wie Rollups, sekundäre Skalierungslösungen.
2. Fortschritte in Datenschutz und Sicherheit: Zero-Knowledge-Proofs, Datenschutztechniken.

Kapitel 23: Rückblick auf Ethereum-Versionen

1. Detaillierte Historie vergangener Ethereum-Versionen, die die Entwicklung von Funktionen und wichtigen Updates hervorhebt.
2. Auswirkungen von Updates auf die Community und die Ethereum-Adoption.

Kapitel 24: Soziale und ethische Auswirkungen

1. Vertiefte Überlegungen zu den positiven sozialen Auswirkungen und ethischen Herausforderungen der Ethereum-Nutzung in verschiedenen sozioökonomischen Kontexten.
2. Potenzial von Ethereum zur Ermächtigung und Verringerung von Ungleichheiten in bestimmten Regionen oder Branchen.

Kapitel 25: Internationale Adoption und Geopolitik

1. Gründliche Analyse der Ethereum-Adoption in verschiedenen Ländern und Regionen, unter Berücksichtigung von Hindernissen, Chancen und kulturellen Unterschieden.
2. Geopolitische Auswirkungen des zunehmenden Einsatzes der Ethereum-Blockchain.

Kapitel 26: Antworten auf fortgeschrittene Fragen

1. Detaillierte Erkundung komplexer Fragen zur Governance, Skalierbarkeit und anderen technischen Herausforderungen von Ethereum.
2. Perspektiven auf mögliche Lösungen für diese fortgeschrittenen Fragen.

Kapitel 27: Aktuelle Entwicklungen und zu beobachtende Projekte

1. Hervorhebung von laufenden Entwicklungsprojekten, bevorstehenden Updates und aufkommenden Trends im Ethereum-Ökosystem.
2. Potenzielle Auswirkungen dieser Entwicklungen auf die Zukunft von Ethereum und der Blockchain.

Abschluss: Zusammenfassung der Schlüsselpunkte

Einleitung:

1. Vorstellung von Ethereum als programmierbarer Blockchain-Plattform.

Ethereum wird oft als die nächste revolutionäre Welle nach Bitcoin beschrieben und geht über einfache Kryptowährungen hinaus, indem es viel mehr bietet: eine programmierbare Blockchain-Plattform. Entworfen von Visionär Vitalik Buterin und seinen Mitstreitern, geht diese Blockchain über einfache Werttransaktionen hinaus und ermöglicht die Ausführung von Smart Contracts.

Im Kern bietet Ethereum eine dezentralisierte Infrastruktur, in der Benutzer dezentralisierte Anwendungen (DApps) und Smart Contracts erstellen können. Diese Smart Contracts, das Herzstück dieser Innovation, sind eigenständige Code-Stücke, die automatisch ausgeführt werden, wenn spezifische Bedingungen erfüllt sind. Sie können Transaktionen verwalten, Vereinbarungen treffen oder sogar komplexe Prozesse ohne Zwischenhändler automatisieren.

Das Konzept der "Ethereum Virtual Machine" (EVM) ist das Rückgrat dieser Plattform. Die EVM ist eine sichere und isolierte Ausführungsumgebung, in der Smart Contracts bereitgestellt und ausgeführt werden. Dies ebnet den Weg für zahlreiche potenzielle Anwendungen in verschiedenen Bereichen, von

Finanzen bis hin zur Logistik, zur Governance und darüber
hinaus.

Dieses Buch taucht tief in diese revolutionäre Plattform ein,
untersucht ihre Grundlagen, ihre Funktionsweise und ihren
Einfluss darauf, wie wir Technologie gestalten und damit
interagieren. Wir beleuchten, wie Ethereum weit mehr
geworden ist als nur eine Blockchain, sondern eine dynamische
Leinwand, auf der Innovation und Kreativität die Grenzen dessen
neu definieren, was Blockchain-Technologie erreichen kann.

Begleiten Sie uns auf dieser fesselnden Erkundung der
programmierbaren Welt von Ethereum, wo jede geschriebene
Codezeile neue Möglichkeiten eröffnet, Branchen formt und die
Grenzen der Technologie erweitert.

2. Die Geschichte von Ethereum: seine Entstehung.

Willkommen in der sich ständig weiterentwickelnden Welt von
Ethereum, einer technologischen Revolution, die über einfache
digitale Transaktionen hinausgeht. Ethereum ist nicht nur eine
Kryptowährung, sondern eine programmierbare Blockchain-
Plattform, die unsere Art und Weise der Technologienutzung neu
definiert.

Vorstellung von Ethereum: Eine Revolutionäre Vision

Ethereum ist nicht nur eine digitale Währung, sondern ein
fruchtbarer Boden für Innovationen. Alles begann mit der
visionären Idee von Vitalik Buterin im Jahr 2013, als er die
Grenzen der Blockchain-Technologie erweitern wollte. Sein Ziel?

Die Schaffung einer dynamischeren Blockchain als Bitcoin, einer Plattform, die weit mehr als nur finanzielle Transaktionen ermöglicht. So entstand die Idee von Ethereum, einer programmierbaren Blockchain, die die Möglichkeit bietet, Smart Contracts zu erstellen. Vitalik teilte diese revolutionäre Vision im Ethereum Yellow Paper von 2014 und legte damit den Grundstein für das, was eine Plattform werden sollte, die Innovation weltweit vorantreibt.

Die Geschichte von Ethereum: seine Entstehung

Im Jahr 2015 wurde Ethereum von einer Idee zur Realität mit dem Start seiner ersten Version, Frontier. Es war ein entscheidender Moment, der es Entwicklern ermöglichte, Smart Contracts zu schreiben und dezentralisierte Anwendungen (DApps) zu entwickeln. Dieser Schritt eröffnete eine Ära der Blockchain-Programmierbarkeit, in der jede Codezeile eine Gelegenheit war, die Grenzen der Technologie zu erweitern. Die Anfänge waren nicht ohne Herausforderungen: Im Jahr 2016 löste der DAO-Hack tiefe Diskussionen innerhalb der Ethereum-Community aus und verdeutlichte die Governance-Herausforderungen in einem sich ständig weiterentwickelnden Ökosystem. Diese Einführung markiert den Beginn einer tiefgehenden Erkundung von Ethereum. Wir tauchen in seine Geschichte, seine fortgeschrittenen Techniken, seine gesellschaftliche Auswirkung ein und untersuchen, wie diese Plattform weit mehr als nur eine Blockchain geworden ist, sondern ein Motor des Wandels in der Welt der Technologie.

Kapitel 1: Grundlagen von Ethereum

1. ## Erklärung des Konzepts von Smart Contracts und der Ethereum Virtual Machine (EVM).

Smart Contracts: Programmierbare Revolution

Smart Contracts sind das Herzstück von Ethereum und bieten weit mehr als einfache Transaktionen. Stellen Sie sie sich als selbstausführende digitale Verträge vor. Sie sind eigenständige Code-Stücke, die in der Blockchain gespeichert sind und automatisch Aktionen ausführen, wenn sie vordefinierten Bedingungen entsprechen. Diese Verträge ermöglichen die Automatisierung von Prozessen ohne Zwischenschaltung. Ihr Potenzial ist umfangreich und reicht von der Abwicklung von Transaktionen bis zur Gestaltung komplexer Vereinbarungen in verschiedenen Bereichen wie Finanzen, Governance und vielem mehr.

Ethereum Virtual Machine (EVM): Der Innovationsmotor

Die Ethereum Virtual Machine (EVM) ist der Motor hinter der Ausführung von Smart Contracts. Sie bietet eine sichere Ausführungsumgebung, in der diese Verträge bereitgestellt und ausgeführt werden können. Jeder Knoten im Ethereum-Netzwerk verfügt über eine Kopie der EVM, was die Konsistenz und

Zuverlässigkeit der Vertragsausführungen gewährleistet. Die EVM ermöglicht auch die Interoperabilität von Smart Contracts, was bedeutet, dass sie miteinander interagieren können und unendliche Anwendungsszenarien eröffnen.

Die Auswirkungen von Smart Contracts und der EVM

Smart Contracts und die EVM haben neue Perspektiven in Bezug auf die Programmierbarkeit der Blockchain eröffnet. Sie haben verändert, wie wir Transaktionen, Vereinbarungen und dezentralisierte Anwendungen gestalten. Dieser Fortschritt hat Innovationen vorangetrieben, indem Entwicklern die Erstellung maßgeschneiderter, sicherer und transparenter Lösungen ermöglicht wurde, was die Art und Weise, wie Unternehmen, Regierungen und sogar Einzelpersonen interagieren und Geschäfte tätigen, transformiert hat.

2. Grundlegende Architektur von Ethereum: Blockchain, Blöcke und Transaktionen.

Die Blockchain: Vertrauensfundament

Die Ethereum-Blockchain ist eine dezentrale und sichere Datenstruktur, die alle Transaktionen im Netzwerk aufzeichnet. Sie fungiert als öffentliches Hauptbuch, das allen Netzwerkteilnehmern zugänglich ist. Jeder Block auf der Blockchain enthält eine Reihe überprüfter Transaktionen und ist kryptografisch mit seinem Vorgänger verbunden, wodurch eine unveränderliche Kette von Blöcken entsteht. Diese Transparenz und Unveränderlichkeit bilden das Fundament des Vertrauens im Ethereum-Ökosystem.

Blöcke: Verbindungsglieder der Kette

Jeder Block enthält Daten über die aktuellen Transaktionen sowie einen kryptografischen Verweis auf den vorherigen Block. Die Miner, die für die Sicherung und Validierung der Transaktionen verantwortlich sind, gruppieren diese Transaktionen in Blöcke, überprüfen sie und fügen sie dann der Blockchain hinzu. Diese Struktur aus verbundenen Blöcken gewährleistet die Kontinuität, Sicherheit und Integrität der Ethereum-Blockchain.

Transaktionen: Austausch von Werten und Informationen

Transaktionen auf Ethereum repräsentieren den Austausch von Werten oder Informationen zwischen den Netzwerkteilnehmern. Sie umfassen Operationen wie den Transfer von Kryptowährungen (wie ETH) oder die Ausführung von Smart Contracts. Jede Transaktion wird kryptografisch signiert, um ihre Authentizität und Sicherheit zu gewährleisten. Sobald sie von den Minern validiert wurden, werden diese Transaktionen unwiderruflich und transparent in der Blockchain aufgezeichnet.

Das Wesentliche der Technologie

Diese grundlegende Architektur bildet die Basisinfrastruktur von Ethereum und schafft ein transparentes, sicheres und dezentralisiertes Ökosystem. Die Blockchain mit ihren Blöcken und Transaktionen ist mehr als nur eine Infrastrukturebene; sie verkörpert die Prinzipien von Vertrauen, Unveränderlichkeit und Freiheit, die das revolutionäre Potenzial dieser Plattform antreiben.

Kapitel 2: Das Ethereum-Ökosystem

1. Erkundung der wichtigsten Kryptowährungen auf Basis von Ethereum (ERC-20 Tokens).

Die ERC-20 Tokens: Grundlagen der Vielfalt

ERC-20 Tokens sind digitale Assets, die auf der Ethereum-Blockchain gemäß einem spezifischen Standard namens ERC-20 (Ethereum Request for Comment 20) aufgebaut sind. Diese Tokens waren Vorreiter für Vielfalt im Ethereum-Ökosystem und ermöglichten die Erstellung und den Austausch einer Vielzahl digitaler Assets, wie Token, die Währungen, Güter, Aktien oder Rechte repräsentieren.

Eigenschaften von ERC-20 Tokens

ERC-20 Tokens teilen gemeinsame Merkmale: Sie können einfach gehandelt werden, ihre Ausgabe wird von Smart Contracts kontrolliert, und sie folgen einem Satz standardisierter Regeln, was ihre Verwendung und Interoperabilität auf verschiedenen Plattformen erleichtert. Diese Tokens sind zu einem wesentlichen Instrument für die Schaffung von ICOs (Initial Coin Offerings) und zahlreichen dezentralen Anwendungen (DApps) geworden.

Vielfalt und Nutzung von ERC-20 Tokens

Die Vielfalt der ERC-20 Tokens ist beeindruckend. Einige Tokens repräsentieren innovative Projekte, aufstrebende Unternehmen oder gemeinschaftliche Initiativen, während andere dezentrale Finanzlösungen bieten oder als Utility Tokens für spezifische Plattformen dienen. Diese Tokens werden auf Handelsplattformen gehandelt, als Zahlungsmittel oder Zugang zu Dienstleistungen verwendet oder als Investitionen gehalten.

Auswirkungen auf das Ökosystem

ERC-20 Tokens haben eine wichtige Rolle bei der Erweiterung und Diversifizierung des Ethereum-Ökosystems gespielt. Sie haben Tausende von Projekten ermöglicht, Mittel zu beschaffen, zu innovieren und neue Formen von Währungen und Nützlichkeit in einem dezentralen Ökosystem anzubieten. Ihre Verbreitung hat jedoch auch Fragen zur Regulierung, Sicherheit und Effizienz aufgeworfen und sowohl Herausforderungen als auch neue Chancen geschaffen.

2. Vertiefte Fallstudien zu bedeutenden Anwendungen und Projekten auf Ethereum.

Uniswap: Revolution der dezentralen Börsen (DEX)

Uniswap, eine dezentrale Börsenplattform (DEX), ist ein herausragendes Beispiel für die Macht von DApps auf Ethereum. Durch die Verwendung von Smart Contracts ermöglicht Uniswap jedem den Handel mit ERC-20 Tokens ohne Zwischenhändler. Sein automatisiertes Liquiditätsbereitstellungsmodell hat neue Handelsmöglichkeiten eröffnet und die Innovation im Bereich dezentraler Börsen vorangetrieben.

MakerDAO und Dai: Stabilität in der Volatilität

MakerDAO hat Dai eingeführt, eine Stablecoin (eine Kryptowährung, die an eine stabile Währung wie den US-Dollar gebunden ist), die auf Ethereum funktioniert. Dai bietet Stabilität in einem Ökosystem, das oft durch seine Vielfalt gekennzeichnet ist. Durch die Verwendung komplexer Mechanismen in Smart Contracts hat MakerDAO eine dezentrale Stablecoin-Lösung geschaffen, die eine einzigartige Alternative in der Welt der Kryptowährungen bietet.

Axie Infinity: Blockchain-Spiel und NFT-Wirtschaft

Axie Infinity ist ein auf Ethereum basierendes Spiel, das Tausende von Spielern mit seinem innovativen Wirtschaftsmodell fesselt. Axie Infinity verwendet nicht fungible Tokens (NFTs), um einzigartige Spielkreaturen darzustellen. Spieler können diese Kreaturen besitzen, züchten und handeln und so eine florierende virtuelle Wirtschaft rund um das Spiel schaffen.

Gitcoin: Finanzierung von Open-Source-Projekten

Gitcoin ist eine Plattform, die Entwickler mit Open-Source-Projekten verbindet und es ihnen ermöglicht, über Mechanismen in Smart Contracts Finanzmittel zu erhalten. Durch die Verwendung der Ethereum-Blockchain fördert Gitcoin das Wachstum und die Innovation in der Welt der Open-Source-Softwareentwicklung.

Die Auswirkungen der Fallstudien

Diese Fallstudien bieten einen Einblick in die unendlichen Möglichkeiten, die Ethereum bietet. Sie zeigen, wie die Blockchain-Technologie genutzt werden kann, um finanzielle Handel neu zu erfinden, neue Wirtschaftsmodelle zu schaffen, Online-Spiele zu revolutionieren und sogar die Entwicklung von Open-Source-Software zu unterstützen. Diese bedeutenden Projekte sind konkrete Beispiele für die Auswirkungen und Vielfalt des Ethereum-Ökosystems.

Kapitel 3: Smart Contracts und Entwicklung auf Ethereum

1. **Grundlegendes Verständnis von Smart Contracts: Funktionsweise und Nutzen.**

Funktionsweise von Smart Contracts

Smart Contracts sind selbstausführende Programme, die auf der Ethereum-Blockchain gehostet werden. Sie sind in Programmiersprachen wie Solidity geschrieben und fungieren als digitale Verträge, die vordefinierte Aktionen ausführen, wenn bestimmte Bedingungen erfüllt sind. Sobald sie in der Blockchain bereitgestellt werden, werden diese Verträge automatisch und unveränderlich ausgeführt, ohne Manipulationsmöglichkeiten.

Nutzung von Smart Contracts

Die Anwendungen von Smart Contracts sind vielfältig. Sie werden verwendet, um automatisierte Zahlungssysteme zu erstellen, digitale Vereinbarungen auszuführen, finanzielle Transaktionen zu erleichtern und vieles mehr. Ihr Nutzen erstreckt sich auch auf dezentralisierte Anwendungen (DApps), wo sie als Grundlage für die transparente Ausführung spezifischer Funktionen ohne Zwischenhändler dienen.

Vorteile und Herausforderungen

Die Vorteile von Smart Contracts liegen in ihrer
Unveränderlichkeit, Transparenz und Automatisierung. Dennoch
sind sie nicht ohne Herausforderungen. Die Komplexität der
Programmierung, Sicherheitsprobleme und Codefehler können
zu unvorhergesehenen Folgen führen. Vorfälle wie der Hack von
The DAO haben die Notwendigkeit strenger Audits und
bewährter Entwicklungspraktiken hervorgehoben, um die
Zuverlässigkeit von Smart Contracts zu gewährleisten.

Auswirkungen auf das Ökosystem

Smart Contracts sind das Fundament, auf dem ein Großteil der
Innovationen auf Ethereum beruht. Sie haben den Weg für eine
neue Ära des digitalen Vertrauens geebnet und ermöglichen
sichere und automatisierte Transaktionen, ohne dass
Vertrauensstufen erforderlich sind. Ihr transformatives Potenzial
treibt weiterhin die Entwicklung neuer Geschäftsmodelle an,
revolutioniert Finanzsysteme und fördert die Entstehung
dezentralisierter Lösungen.

2. Praktischer Leitfaden für die Entwicklung von Smart Contracts auf der Ethereum-Plattform.

Erste Schritte

Grundlagen verstehen: Bevor Sie beginnen, machen Sie sich mit Solidity vertraut, der am häufigsten verwendeten Programmiersprache für Smart Contracts auf Ethereum. Ressourcen wie die offizielle Ethereum-Dokumentation, Online-Tutorials und Entwickler-Communities können hilfreich sein.

Entwicklungsumgebung: Richten Sie Ihre Entwicklungsumgebung ein. Tools wie Remix, Truffle oder Hardhat bieten Test- und Bereitstellungsumgebungen, um Smart Contracts zu schreiben, zu testen und zu implementieren.

Entwicklungsprozess

Konzeption und Planung: Klären Sie die Anforderungen und die Logik Ihres Smart Contracts. Definieren Sie seine Funktionen, Bedingungen und Interaktionen mit anderen Verträgen oder Benutzern.

Code schreiben: Beginnen Sie mit dem Schreiben Ihres Smart Contracts in Solidity. Befolgen Sie bewährte Codierpraktiken, um die Sicherheit und Zuverlässigkeit des Codes zu gewährleisten.

Testen und Debuggen: Testen Sie Ihren Smart Contract auf einem Testnetzwerk (wie Rinkeby oder Ropsten), um seine Funktionsweise zu überprüfen. Führen Sie umfangreiche Tests durch, um Fehler zu erkennen und zu beheben.

Bereitstellung: Sobald Ihr Smart Contract getestet und fehlerfrei funktioniert, implementieren Sie ihn auf dem Ethereum-Netzwerk. Stellen Sie sicher, dass Sie die mit der Implementierung verbundenen Gasgebühren verstehen.

Best Practices und Sicherheit

Audit und Sicherheit: Erwägen Sie die Möglichkeit, Ihren Smart Contract von Dritten auditieren zu lassen, um potenzielle Schwachstellen zu identifizieren.

Verwaltung von Schlüsseln und Berechtigungen: Schützen Sie die privaten Schlüssel, die zum Bereitstellen oder Interagieren mit den Verträgen verwendet werden. Verwenden Sie geeignete Zugriffsmodifikatoren, um Berechtigungen zu verwalten.

Entwicklung und Wartung

Updates: Planen Sie Aktualisierungsmechanismen bei Bedarf. Verstehen Sie die Auswirkungen von Änderungen an bereitgestellten Verträgen und deren Kompatibilität mit früheren Versionen.

Dokumentation: Dokumentieren Sie Ihren Code umfassend, um das Verständnis und die zukünftige Wartung zu erleichtern.

Community und Ressourcen

Engagieren Sie sich in der Ethereum-Entwickler-Community, nehmen Sie an Foren, Diskussionsgruppen und Hackathons teil, um über die neuesten Entwicklungen auf dem Laufenden zu bleiben und von den Erfahrungen anderer Entwickler zu profitieren.

Kapitel 4: Der Übergang von Proof-of-Work (PoW) zu Proof-of-Stake (PoS)

1. **Erklärung des Übergangs von Proof-of-Work (PoW) zu Proof-of-Stake (PoS).**

Proof-of-Work (PoW): Grundlage der Sicherheit

Proof-of-Work ist der originale Konsensmechanismus, den Ethereum (und auch Bitcoin) verwendet. In diesem System lösen Miner komplexe mathematische Probleme, um Transaktionen zu validieren und neue Blöcke zu erstellen. Diese Methode basiert auf erheblicher Rechenleistung und verbraucht eine signifikante Menge an Energie.

Übergang zu Proof-of-Stake (PoS): Ein Paradigmenwechsel

Der Übergang von PoW zu PoS ist eine bedeutende Weiterentwicklung für Ethereum. Proof-of-Stake ersetzt den Wettbewerb um Rechenleistung durch eine Logik des Besitzes und der Validierung auf der Grundlage von eingesetztem Vermögen. Anstelle von Minern beruht PoS auf Validatoren, die ausgewählt werden, um Transaktionen basierend auf der Menge an ETH zu validieren, die sie als Einsatz hinterlegen.

Vorteile von Proof-of-Stake

Energieeffizienz: PoS ist im Vergleich zu PoW erheblich energieeffizienter, da es keine intensiven Berechnungen erfordert.

Sicherheit: Die Teilnehmer setzen ihr Vermögen aufs Spiel, was sie davon abhalten soll, sich an bösartigem Verhalten zu beteiligen.

Demokratisierung: PoS macht die Teilnahme am Konsens für eine größere Anzahl von Menschen zugänglicher, aufgrund der potenziellen Zentralisierung durch große Miner.

Ethereum 2.0 und der Übergang:

Der Übergang von PoW zu PoS ist ein Schlüsselelement von Ethereum 2.0, der nächsten großen Iteration des Ethereum-Netzwerks. Dieses ehrgeizige Upgrade zielt darauf ab, die Skalierbarkeit, Sicherheit und Effizienz des Netzwerks zu verbessern. Die Übergangsphase zu PoS begann mit der Einführung der Beacon Chain im Dezember 2020 und markierte den Beginn einer PoS-Ära für Ethereum.

Herausforderungen und Bedenken:

Obwohl PoS viele Vorteile bietet, gibt es Herausforderungen zu bewältigen, insbesondere in Bezug auf Sicherheit und die Resistenz gegenüber Angriffen. Forscher und Entwickler arbeiten an diesen Problemen, um die Robustheit des neuen Konsensmodells sicherzustellen.

2. Umweltvorteile und Sicherheit im Zusammenhang mit PoS.

Verbesserte Sicherheit von PoS

Energieeffizienz: PoS gilt als umweltfreundlicher als PoW, da es keine intensive Rechenleistung erfordert. Im Gegensatz zu PoW, das massive Mengen an Strom für Mining-Farmen verwendet, arbeitet PoS mit einer erheblich reduzierten Energiebilanz.

Reduzierung des CO2-Fußabdrucks: Durch die Beseitigung der Notwendigkeit umfangreicher Mining-Farmen trägt PoS dazu bei, den CO2-Fußabdruck, der mit der Validierung von Transaktionen und der Erstellung neuer Blöcke auf der Blockchain verbunden ist, zu reduzieren.

Verbesserte Sicherheit von PoS

Einsatz und Sicherheit: In PoS sichern Validatoren (die Kryptowährungen besitzen und verwalten) das Netzwerk, indem sie ihren Einsatz einbringen. Das Risiko, ihre Gelder zu verlieren, motiviert die Validatoren, eine ehrliche und sichere Rolle zu spielen und schafft so einen Anreizmechanismus für Sicherheit.

Reduzierung von 51%-Angriffen: Im Gegensatz zu PoW, wo eine Einheit mit mehr als 50% der Rechenleistung das Netzwerk manipulieren könnte, würden derartige Angriffe bei PoS teuer und unpraktisch werden. Der Besitz der Mehrheit des Vermögens würde eine unverhältnismäßige Menge an Kryptowährung erfordern, was für einen Angriff unwirtschaftlich wäre.

Entwicklung der Sicherheit:

Obwohl PoS mehrere Sicherheits- und Energieeffizienzvorteile bietet, ist es wichtig zu beachten, dass jeder Konsensmechanismus seine eigenen Herausforderungen und Schwachstellen hat. Forscher und Entwickler setzen ihre Arbeit fort, um die Widerstandsfähigkeit von PoS zu verbessern und potenzielle Risiken dieses neuen Konsensmechanismus zu minimieren.

Kapitel 5: Skalierbarkeit und Ethereum 2.0

1. **Herausforderungen der Skalierbarkeit von Ethereum und vorgeschlagene Lösungen.**

Skalierbarkeitsherausforderungen

Hohes Netzwerkaufkommen: Mit dem Aufkommen dezentralisierter Anwendungen (DApps) steht das Ethereum-Netzwerk vor zunehmender Überlastung, was zu Verzögerungen bei der Bestätigung von Transaktionen und hohen Gasgebühren führt.

Begrenzung der Transaktionsanzahl: Ethereum kann in seinem aktuellen Zustand nur eine begrenzte Anzahl von Transaktionen pro Sekunde verarbeiten, was zu einem Hindernis wird, wenn die Nachfrage nach schnellen und kostengünstigen Transaktionen steigt.

Vorgeschlagene Lösungen

Ethereum 2.0: Dieses bedeutende Upgrade zielt darauf ab, die Skalierbarkeitsprobleme zu lösen. Es führt den Übergang von PoW zu PoS ein, führt das Konzept des Sharding ein und optimiert die Konsensmechanismen, um die Netzwerkperformance zu verbessern.

Sharding: Ethereum 2.0 schlägt eine Lösung namens Sharding vor, die die Blockchain in kleinere Abschnitte namens "Shards" aufteilt. Jedes Fragment kann seine eigenen Transaktionen verarbeiten, wodurch die Last auf mehrere parallele Ketten verteilt und die Netzwerkkapazität erhöht wird.

Technische Updates: Verbesserungen wie die Einführung von Rollups (Sekundärskalierungstechnologien) und anderen Layer-2-Lösungen werden ebenfalls in Betracht gezogen, um die Transaktionsverarbeitungskapazität zu erhöhen, ohne die Sicherheit des Netzwerks zu beeinträchtigen.

Veränderungen im Ökosystem

Bessere Benutzererfahrung: Die vorgeschlagenen Skalierungslösungen für Ethereum 2.0 sollen eine verbesserte Benutzererfahrung mit schnelleren Transaktionen, niedrigeren Gasgebühren und einer größeren DApp-Nutzungskapazität bieten.

Diversifizierung der Anwendungsfälle: Durch die Erhöhung der Netzwerkkapazität öffnet Ethereum 2.0 die Türen für neue Anwendungsfälle, einschließlich Anwendungen, die umfangreiche Transaktionen erfordern, wie Zahlungen, Online-Spiele und komplexe dezentralisierte Systeme.

Fortlaufende Entwicklung

Skalierbarkeit bleibt eine fortlaufende Herausforderung für Ethereum. Während Ethereum 2.0 ambitionierte Lösungen bietet, ist die technologische Entwicklung ein iterativer Prozess, und kontinuierliche Anpassungen und Verbesserungen werden erforderlich sein, um die Wettbewerbsfähigkeit und Effizienz des Netzwerks aufrechtzuerhalten.

2. Einführung von Ethereum 2.0, dem Sharding-Konzept und technischen Updates.

Ethereum 2.0: Eine ambitionierte Aufrüstung

Übergang von PoW zu PoS: Ethereum 2.0 markiert eine bedeutende Transformation des Konsensprotokolls, indem es von Proof-of-Work (PoW) zu Proof-of-Stake (PoS) wechselt. Dieser Schritt zielt darauf ab, die Energieeffizienz, Sicherheit und Skalierbarkeit des Ethereum-Netzwerks zu verbessern.

Phasen der Bereitstellung: Die Bereitstellung von Ethereum 2.0 ist in Phasen unterteilt. Die erste Phase wurde mit der Beacon Chain eingeleitet, die PoS einführte und den Weg zu einem PoS-Netzwerk ebnete. Zukünftige Phasen umfassen die Einführung von Sharding und anderen Verbesserungen.

Sharding-Konzept: Horizontale Erweiterung der Blockchain

Aufteilung in Shards: Sharding unterteilt die Ethereum-Blockchain in kleinere Abschnitte namens "Shards". Jeder Abschnitt arbeitet unterschiedlich und verarbeitet seine eigenen Transaktionen. Dieser Ansatz ermöglicht Ethereum eine horizontale Expansion und erhöht somit die Gesamttransaktionsverarbeitungskapazität.

Verbesserung der Skalierbarkeit: Durch die Verteilung der Transaktionen zwischen den Shards zielt das Sharding-Konzept darauf ab, die Netzwerkgeschwindigkeit erheblich zu erhöhen, indem Ethereum gleichzeitig eine größere Anzahl von Transaktionen verarbeiten kann.

Technische Updates von Ethereum 2.0

Rollups und andere Layer-2-Lösungen: Ethereum 2.0 erwägt die Integration von Rollups, sekundären Skalierungslösungen, die viele Off-Chain-Transaktionen auf der Hauptblockchain zusammenfassen, um die Last des Hauptnetzes zu verringern. •

Protokolloptimierungen: Entwickler arbeiten an technischen Verbesserungen, um das Netzwerk effizienter, sicherer und benutzerfreundlicher zu gestalten, einschließlich der Verbesserung der Transaktionsbestätigungszeiten und insbesondere der Gasgebühren.

Auswirkungen von Ethereum 2.0

Verbesserte Skalierbarkeit: Ethereum 2.0 zielt darauf ab, die Skalierbarkeitsprobleme des Netzwerks zu lösen, indem es eine

Infrastruktur bietet, die in der Lage ist, massive Transaktionsgebühren zu verarbeiten, während sie dennoch kostengünstig und schnell ist.

Exploration neuer Anwendungsfälle: Durch eine verbesserte Skalierbarkeit könnte Ethereum 2.0 die Entstehung neuer Anwendungen und Anwendungsfälle fördern, die schnelle und kostengünstige Transaktionen erfordern.

Fazit Ethereum 2.0 repräsentiert eine bedeutende Entwicklung in der Welt der Blockchain, mit dem Ziel, Ethereum skalierbarer, sicherer und effizienter zu machen. Obwohl der Übergang schrittweise erfolgt, könnten die Verbesserungen von Ethereum 2.0 potenziell die Art und Weise verändern, wie dezentrale Anwendungen entwickelt und genutzt werden.

Kapitel 6: Projekte und dezentrale Anwendungen (DApps)

1. **Erkundung beliebter DApps auf der Ethereum-Blockchain.**

DeFi (Dezentrale Finanzen)

Uniswap: Eine dezentrale Austauschplattform (DEX), die den Austausch ohne Zwischenhändler ermöglicht.

Aave: Ein Kredit- und Darlehensprotokoll, das es Benutzern ermöglicht, Zinsen auf ihre hinterlegten Kryptowährungen zu verdienen.

Spiele und Unterhaltung

Decentraland: Eine virtuelle Welt, in der Benutzer virtuelle Immobilien kaufen, verkaufen und entwickeln können.

Axie Infinity: Ein Spiel zur Sammlung und Zucht digitaler Kreaturen, bei dem Spieler Tokens verdienen und austauschen können.

NFTs (Nicht fungible Token)

CryptoPunks: Eine Sammlung von 10.000 einzigartigen Punks, die den Beginn der NFTs markierten.

OpenSea: Eine Marktplattform zum Austausch von NFTs, die eine Vielzahl digitaler Kunstwerke, virtueller Grundstücke usw. bietet.

Governance und dezentrale Organisationen

MakerDAO: Ein Kredit- und Stablecoin-Protokoll, das von einer dezentralen autonomen Organisation (DAO) verwaltet wird.

DAOstack: Eine Governance-Plattform, die die Erstellung und Verwaltung benutzerdefinierter DAOs ermöglicht.

Auswirkungen der DApps

Steigende Akzeptanz: DApps auf Ethereum gewinnen aufgrund ihrer dezentralen Natur an Popularität und ziehen Benutzer an, indem sie erhöhte Transparenz und Benutzerautonomie bieten.

Zu bewältigende Herausforderungen: Trotz ihres Wachstums stehen DApps vor Herausforderungen wie der Benutzererfahrung, Skalierbarkeit und hohen Gasgebühren.

Fortlaufende Innovation Die DApps auf Ethereum repräsentieren nur einen Bruchteil der potenziellen Anwendungsfälle der Blockchain-Technologie. Die Innovation geht weiter mit neuen Projekten, die bestehende Probleme lösen und neue Anwendungsbereiche erkunden.

2. Auswirkungen von Ethereum auf die Entwicklung dezentraler Anwendungen.

Demokratisierung der Entwicklung

Weltweite Zugänglichkeit: Ethereum hat Entwicklern auf der ganzen Welt die Tür geöffnet, um dezentrale Anwendungen zu erstellen, ohne die Zustimmung von Dritten oder zentralisierten Einrichtungen zu benötigen. Dies ermöglicht es Einzelpersonen und kleinen Unternehmen, aktiv an der Blockchain-Entwicklung teilzunehmen.

Smart Contracts: Die Smart Contracts auf Ethereum haben die Art und Weise, wie Anwendungen programmiert werden, revolutioniert. Durch die Beseitigung der Notwendigkeit von Zwischenhändlern ermöglicht Ethereum die Erstellung autonomer Verträge, die automatisch ohne gegenseitiges Vertrauen ausgeführt werden.

Entstehung neuer Wirtschaftsmodelle

Dezentrale Finanzen (DeFi): Ethereum hat die Entwicklung von DeFi vorangetrieben, indem es Protokolle für Kredite, den Austausch und das Management von Mitteln ohne traditionelle Bankeninfrastruktur geschaffen hat. Benutzer können an dezentralen Finanzdienstleistungen direkt von ihren Ethereum-Wallets aus teilnehmen.

Nicht fungible Token (NFT): Die Ausgabe von nicht fungiblen Tokens auf Ethereum hat neue Wirtschaftsmodelle für Künstler, Content-Ersteller und Besitzer virtueller Güter geschaffen. NFTs ermöglichen authentifizierten digitalen Besitz und die Monetarisierung digitaler Kunstwerke.

Dezentralisierung der Governance

Dezentrale autonome Organisationen (DAOs): Ethereum hat das Aufkommen von DAOs gefördert, die es Benutzern ermöglichen, transparent und demokratisch an der Governance von Projekten teilzunehmen. Die DAO von MakerDAO ist ein Beispiel, bei dem Token-Inhaber über Änderungsvorschläge im Protokoll abstimmen können.

Offene Governance: Die Fähigkeit der Benutzer, die Entwicklung und Updates der Protokolle direkt zu beeinflussen, hat ein Modell offener Governance eingeführt, das die Kontrolle von wenigen Personen weg und hin zur Community verlagert.

Fortlaufende technologische Entwicklung

Interoperabilität: Ethereum hat Innovationen im Bereich der Interoperabilität vorangetrieben, indem es verschiedenen Blockchains ermöglicht, zusammenzuarbeiten. Projekte wie Polkadot und Cosmos streben an, ein vernetztes Ökosystem zu schaffen.

Übergang zu Ethereum 2.0: Der Übergang zu Ethereum 2.0 zeigt das fortwährende Engagement für die Verbesserung der Skalierbarkeit, Sicherheit und Effizienz des Netzwerks, was sich erheblich darauf auswirken könnte, wie DApps entwickelt und genutzt werden.

Fazit Der Einfluss von Ethereum auf die Entwicklung dezentraler Anwendungen war monumental und markiert eine neue Ära der Möglichkeiten und Innovationen in der Welt der Blockchain. Während die Technologie weiter voranschreitet, bleibt das Ethereum-Ökosystem im Zentrum der dezentralen Revolution.

Kapitel 7: DeFi (Dezentralisierte Finanzen) auf Ethereum

1. **Vorstellung führender DeFi-Protokolle auf Ethereum.**

Kreditprotokolle

Compound Finance: Eine automatisierte Kredit- und Darlehensplattform, die es Benutzern ermöglicht, Vermögenswerte zu hinterlegen und gegen diese Einlagen zu leihen.

Aave: Ein Kredit- und Darlehensprotokoll, bei dem Benutzer Vermögenswerte in einen Liquiditätspool einzahlen und gegen diese Einlagen unter Verwendung anderer Vermögenswerte als Sicherheit leihen können.

Dezentralisierte Börsen (DEX)

Uniswap: Ein automatisiertes Austauschprotokoll (AMM), das den Austausch von Tokens ohne traditionelle Kauf- oder Verkaufsaufträge ermöglicht.

SushiSwap: Eine Derivatversion von Uniswap mit Liquiditätsanreizfunktionen und dezentralisierter Governance.

Stablecoins

MakerDAO: Ein Protokoll, das die stabile Münze DAI unter Verwendung der Kryptowährung Ethereum als Sicherheit erzeugt.

USD Coin (USDC): Eine an den US-Dollar gebundene stabile Münze, die von einem Konsortium einschließlich Circle und Coinbase ausgegeben wird.

Synthetische Assets

Synthetix: Ermöglicht die Erstellung synthetischer Token, die den Wert anderer Vermögenswerte wie Währungen, Aktien oder Rohstoffen darstellen.

Auswirkungen von DeFi auf die traditionelle Finanzwelt

Finanzielle Zugänglichkeit: DeFi-Protokolle bieten eine Alternative zur traditionellen Finanzwelt, indem sie es jedem mit Internetzugang ermöglichen, auf Finanzdienstleistungen zuzugreifen.

Innovative Geschäftsmodelle: DeFi-Protokolle führen neue Geschäftsmodelle ein, wie Liquiditätsbereitstellung und Ertragslandwirtschaft, und bieten Benutzern Gewinnmöglichkeiten durch Netzwerkbeteiligung.

Herausforderungen und Perspektiven

Sicherheit: Trotz ihrer wachsenden Beliebtheit stehen DeFi-Protokolle vor Sicherheitsherausforderungen, Programmfehlern und Risiken, die sich aus ihrer dezentralen Natur ergeben.

Entwicklung und Regulierung: Die schnelle Entwicklung von DeFi wirft Fragen zur Regulierung und Compliance auf, die das zukünftige Wachstum und die Struktur beeinflussen könnten.

Fazit DeFi auf Ethereum hat neue Horizonte für die Finanzen
eröffnet und revolutionäre Konzepte von Finanzdienstleistungen
für alle eingeführt. Während DeFi weiter wächst, formen seine
Herausforderungen und Chancen die Finanzlandschaft von
morgen.

2. Analyse der Chancen und Herausforderungen im DeFi-Sektor.

Chancen im DeFi

Finanzielle Zugänglichkeit: DeFi beseitigt traditionelle Barrieren,
indem es Finanzdienstleistungen für jeden mit Internetzugang
bietet und finanzielle Inklusion für unbanked Bevölkerungen
ermöglicht.

Hohe potenzielle Renditen: DeFi-Protokolle bieten attraktive
Renditechancen durch Mechanismen wie Yield Farming und
Liquiditätsbereitstellung, was viele Investoren anzieht.

Innovation der Geschäftsmodelle: DeFi-Protokolle fördern
Innovationen durch die Ermöglichung neuer Geschäftsmodelle
und dezentralisierter Governance-Mechanismen.

Herausforderungen im DeFi

Sicherheit und Risiken: Die dezentrale Natur macht DeFi-Protokolle anfällig für Sicherheitsrisiken wie Fehler im Smart Contract-Code, Flash-Kredit-Angriffe und Plattform-Schwachstellen.

Scalability und Kosten: Hohe Transaktionsgebühren und Netzwerküberlastung auf Ethereum stellen Kostenherausforderungen für Benutzer dar und begrenzen die Skalierbarkeit von DeFi-Protokollen.

Regulierung und Compliance: Die rasche Entwicklung von DeFi wirft regulatorische Fragen auf, da es in einem noch wenig regulierten Rahmen operiert, was seine breite Akzeptanz beeinträchtigen könnte.

Zukünftige Entwicklung und Perspektiven

Verbesserung der Sicherheit: DeFi-Protokolle arbeiten daran, ihre Sicherheit durch Code-Audits, die Annahme bewährter Sicherheitspraktiken und die Erforschung von Lösungen zur Risikominimierung zu stärken.

Scalability und Interoperabilität: Die Scalability-Herausforderungen werden durch die Erforschung von Layer-2-Lösungen und die Interoperabilität mit anderen Blockchains zur Verringerung der Netzwerküberlastung angegangen.

Bildung und Adoption: Eine erhöhte Sensibilisierung, bessere Benutzererziehung und eine verbesserte Benutzererfahrung könnten zu einer breiteren Akzeptanz von DeFi beitragen.

Fazit Der DeFi-Sektor bietet innovative Chancen, steht jedoch vor bedeutenden Herausforderungen in Bezug auf Sicherheit, Regulierung und Skalierbarkeit. Seine zukünftige Entwicklung wird davon abhängen, wie er diese Herausforderungen angeht und seine Chancen nutzt, um ein robustes und inklusives Finanzökosystem zu schaffen.

Kapitel 8: Die rechtliche und regulatorische Entwicklung von Ethereum

1. **Derzeitiger Stand der weltweiten Regulierung in Bezug auf Ethereum.**

Variable regulatorische Ansätze

USA: Die Vorschriften zu Kryptowährungen und Tokens variieren in den USA je nach Behörde. Die SEC (Securities and Exchange Commission) betrachtet einige Tokens als Wertpapiere, während die CFTC (Commodity Futures Trading Commission) sie als Rohstoffe einstuft.

Europa: Die Europäische Union verfolgt einen nuancierteren Ansatz und arbeitet an einer harmonisierteren und klareren Regulierung für Krypto-Assets über die MiCA-Regulierung (Markets in Crypto-Assets).

Asien: Auch die asiatischen Vorschriften variieren. Japan hat Kryptowährungen als Zahlungsmittel legalisiert, während China strenge Einschränkungen eingeführt hat und einige mit Kryptowährungen verbundene Aktivitäten verboten hat.

Aktuelle regulatorische Herausforderungen

Klassifizierung: Die Klassifizierung von Tokens, insbesondere solche, die über ICOs (Initial Coin Offers) emittiert wurden, ist in vielen Rechtsgebieten unklar, was Unsicherheiten über ihren rechtlichen Status schafft.

Rechtssicherheit: Das Fehlen eines klaren regulatorischen Rahmens kann Unternehmen davon abhalten, sich vollständig in Blockchain- und Krypto-Projekte zu engagieren, was die Innovation beeinträchtigt.

Erwartete Entwicklung

Regulatorische Anpassung: Regierungen und Regulierungsbehörden bemühen sich, den Kryptobereich besser zu verstehen und zu regulieren, um Investoren zu schützen und gleichzeitig die Innovation zu fördern.

Internationale Konvergenz: Es zeichnet sich ein Trend zur internationalen regulatorischen Konvergenz ab, um Standards zu harmonisieren und den grenzüberschreitenden Austausch im Krypto-Ökosystem zu erleichtern.

Auswirkungen auf die Ethereum-Adoption

Rechtliche Gewissheiten: Klare und gut definierte Vorschriften können das Vertrauen von Unternehmen und Investoren in Ethereum stärken und seine Einführung in traditionellen Branchen fördern.

Herausforderungen der Compliance: Unternehmen, die auf Ethereum operieren, müssen sich an sich ändernde Vorschriften anpassen, was zusätzliche Kosten und Compliance-Herausforderungen mit sich bringen kann.

Fazit Die weltweite regulatorische Entwicklung hat einen signifikanten Einfluss auf die Annahme und Entwicklung von Ethereum. Während präzise Vorschriften entscheidend sind, ist es für Ethereum wichtig, in diesen sich wandelnden Gewässern zu navigieren, um seine Legitimität und langfristige Relevanz zu gewährleisten.

2. Auswirkungen der regulatorischen Entwicklungen auf die Adoption von Ethereum.

Vertrauen und Legitimität

Positive Auswirkungen: Klare und günstige Vorschriften können das Vertrauen von Unternehmen und Investoren in Ethereum stärken und ihm institutionelle Legitimität verleihen.

Erhöhte Adoption: Eine klare Regulierung kann die Übernahme von Ethereum durch traditionelle Unternehmen fördern, die nach einem stabilen rechtlichen Rahmen für die Teilnahme an Blockchain-Anwendungen suchen.

Reduzierung der Unsicherheit

Katalysator für Investitionen: Klare Vorschriften können institutionelle Investitionen fördern, indem sie einen Teil der rechtlichen Unsicherheit im Zusammenhang mit Krypto-Assets beseitigen und den Kapitaleinstieg in das Ethereum-Ökosystem erleichtern.

Erweiterung der Anwendungsfälle: Eine klare Regulierung kann neue Anwendungsfälle für Ethereum in Bereichen wie Finanzen,

Lieferketten und Governance eröffnen und Partnerschaften mit traditionellen Unternehmen fördern.

Compliance- und Anpassungsherausforderungen

Compliance-Kosten: Regulatorische Anforderungen können für Unternehmen, die Lösungen auf Ethereum aufbauen, Kosten und betriebliche Komplexität verursachen, insbesondere für Startups und kleine Unternehmen.

Notwendigkeit der Anpassung: Die Akteure im Ethereum-Ökosystem müssen agil bleiben, um sich an regulatorische Änderungen anzupassen, was regelmäßige Anpassungen in Prozessen und Praktiken erfordern kann.

Innovation und Zusammenarbeit

Entstehung von Standards: Regulierungen können zur Schaffung von Standards und bewährten Praktiken im Ethereum-Ökosystem führen, wodurch sicherere und stabilere Umgebungen für Benutzer und Investoren entstehen.

Zusammenarbeit mit Regulierungsbehörden: Die Zusammenarbeit zwischen Branchenakteuren und Regulierungsbehörden kann zu besser angepassten Vorschriften und einem besseren gegenseitigen Verständnis der mit Ethereum verbundenen Herausforderungen und Chancen führen.

Fazit Regulatorische Entwicklungen haben einen signifikanten Einfluss auf die Übernahme von Ethereum. Während klare Vorschriften Vertrauen und Akzeptanz fördern können, stellen sie auch Compliance- und Anpassungsherausforderungen für die Akteure im Ökosystem dar. Das Gleichgewicht zwischen Innovation, Compliance und Zusammenarbeit mit Regulierungsbehörden bleibt entscheidend für die zukünftige Entwicklung von Ethereum in einer sich verändernden regulatorischen Umgebung.

Kapitel 9: Die Ethereum-Gemeinschaft

Rolle der Gemeinschaft bei der kontinuierlichen Entwicklung von Ethereum.

Innovation und Beiträge

Technische Entwicklung: Die Ethereum-Gemeinschaft, bestehend aus Entwicklern, Forschern und Beitragenden, spielt eine entscheidende Rolle bei der Entwicklung des Protokolls. Verbesserungsvorschläge (EIP) und Entwicklungen sind oft das Ergebnis von Beiträgen aus der Gemeinschaft.

Bildung und Sensibilisierung: Gemeinschaftsmitglieder beteiligen sich aktiv an der Bildung und Sensibilisierung, indem sie Wissen über Ethereum in Foren, Meetups, Blogs und sozialen Medien verbreiten.

Governance und Beteiligung

Dezentrale Governance: Die Governance von Ethereum basiert weitgehend auf der Beteiligung der Gemeinschaft. ETH-Inhaber nehmen an Abstimmungen und Vorschlägen teil, um die Ausrichtung und Updates des Netzwerks zu gestalten.

Foren und Debatten: Online-Foren wie Reddit, Discord und dedizierte Plattformen ermöglichen es der Gemeinschaft, technische Fragen, zukünftige Verbesserungen und Herausforderungen, denen Ethereum gegenübersteht, zu debattieren und zu diskutieren.

Unterstützung und vielfältiges Ökosystem

Unterstützung und Hilfe: Die Gemeinschaft bietet wertvolle Unterstützung für Neulinge, indem sie Hilfe und Ressourcen für Programmierung, intelligente Vertragsentwicklung und das Verständnis der grundlegenden Prinzipien von Ethereum anbietet.

Diversität der Beiträge: Die Ethereum-Gemeinschaft ist vielfältig, mit Beitragenden aus verschiedenen Branchen, die unterschiedliche Perspektiven und spezifische Anwendungsfälle für die kontinuierliche Weiterentwicklung der Blockchain einbringen.

Sozialer und kultureller Einfluss

Schaffung von Kultur: Die Gemeinschaft trägt dazu bei, eine Kultur um Ethereum zu formen, indem sie Werte wie Dezentralisierung, Transparenz und offene Innovation teilt.

Soziales Engagement: Gemeinschaftsinitiativen zielen darauf ab, Ethereum für sozial nützliche Anwendungsfälle wie dezentrale Governance, Crowdfunding und Umweltauswirkungen zu nutzen.

Fazit Die Ethereum-Gemeinschaft ist das fundamentale Rückgrat, das die Entwicklung, Annahme und Evolution der Blockchain unterstützt. Ihr Engagement, ihre vielfältigen Beiträge und ihr Innovationsgeist tragen dazu bei, ein dynamisches und sich ständig weiterentwickelndes Ökosystem zu formen.

Kapitel 10: Ethereum und technologische Innovation

1. Die neuesten technologischen Entwicklungen auf Ethereum.

Eine der am meisten erwarteten Entwicklungen ist der Übergang zu Ethereum 2.0, auch Serenity genannt. Diese Weiterentwicklung markiert einen bedeutenden Wechsel von Proof-of-Work (PoW) zu Proof-of-Stake (PoS) und bietet eine verbesserte Skalierbarkeit, geringeren Energieverbrauch und höhere Netzwerksicherheit.

Signifikante Fortschritte von Ethereum 2.0 beinhalten:

Beacon Chain: Die Einführung der Beacon Chain führte PoS in Ethereum ein und legte den Grundstein für die Skalierung und erhöhte Sicherheit von Ethereum 2.0.

Sharding: Dieses Konzept teilt die Ethereum-Blockchain in kleinere Segmente (Shards), ermöglicht eine parallele Transaktionsverarbeitung und verbessert somit die Verarbeitungskapazität des Netzwerks.

Rollups und Optimistic Rollups: Diese sekundären Skalierungslösungen ermöglichen eine große Anzahl von Transaktionen außerhalb der Hauptkette, wodurch Netzwerküberlastung und Transaktionsgebühren reduziert werden.

Verbesserungen von Layer 1 und Layer 2 Neben Ethereum 2.0 gibt es Verbesserungen auf Layer 1 und Layer 2 des Netzwerks:

Ethereum Improvement Proposals (EIPs): Diese Vorschläge zielen darauf ab, die Ethereum-Basis zu verbessern, indem sie neue Funktionen, Performance-Verbesserungen und Protokollaktualisierungen einführen.

Ausweitung von Layer-2-Lösungen: Lösungen wie Rollups, Sidechains und State Channels entwickeln sich weiter, um Alternativen zur Hauptnetzwerk-Überlastung anzubieten.

Fortschritte bei Datenschutz und Sicherheit Es werden auch Anstrengungen unternommen, um die Privatsphäre und Sicherheit auf Ethereum zu stärken:

ZK-Rollups und ZK-Snarks: Zero-Knowledge-Beweise werden zunehmend genutzt, um die Privatsphäre von Transaktionen zu gewährleisten, ohne die Sicherheit zu beeinträchtigen.

Sicherheitsverbesserungen: Sicherheitsaudits, Schwachstellen-Erkennungsprotokolle und kontinuierliche Updates sollen die Robustheit von Ethereum gegen potenzielle Bedrohungen stärken.

Diese Fortschritte zeigen das kontinuierliche Engagement der Ethereum-Community für die Verbesserung der Plattform, die Bewältigung technologischer Herausforderungen und die Schaffung eines robusteren, skalierbaren und sicheren Blockchain-Ökosystems. Diese Entwicklungen sind entscheidend, um das Wachstum und die weit verbreitete Akzeptanz von Ethereum in den kommenden Jahren zu unterstützen.

2. Potenzielle Auswirkungen auf die Zukunft der Blockchain und dezentralisierter Anwendungen.

Skalierbarkeit und weit verbreitete Akzeptanz

Entwicklungen zur Skalierbarkeit von Ethereum, insbesondere mit Ethereum 2.0 und sekundären Skalierungslösungen, könnten Probleme mit Netzwerküberlastung und hohen

Transaktionskosten lösen. Dies könnte den Weg für eine massivere Akzeptanz von DApps und unterschiedlichen Anwendungsfällen ebnen.

Diversifizierung der Anwendungsfälle

Die angesammelte Kapazität und Leistungsverbesserungen von Ethereum könnten die Anwendungsfälle von DApps über Finanzanwendungen hinaus diversifizieren. Wir könnten Anwendungen im Identitätsmanagement, im Gesundheitswesen, in der Logistik und sogar in der Governance sehen.

Verminderung von Einstiegshürden für Entwickler

Die Verbesserungen der Ethereum-Technologie machen die Entwicklung von DApps für Entwickler zugänglicher und ziehen damit neue Talente an, was die Innovation vorantreiben könnte. Dies könnte zu einem exponentiellen Anstieg der Anzahl und Vielfalt der auf Ethereum gebauten Anwendungen führen.

Dezentralisierung und neue Wirtschaftsmodelle

Ein weiterentwickeltes und sichereres Ethereum könnte dazu beitragen, die Dezentralisierung des Webs zu stärken und damit neue Wirtschaftsmodelle zu schaffen, die auf dem Vertrauen und der Autonomie der Benutzer basieren.

Institutionelle Akzeptanz

Wenn Ethereum seine Skalierbarkeitsprobleme lösen kann und gleichzeitig eine robuste Sicherheit aufrechterhält, könnte dies den Weg für eine breitere institutionelle Akzeptanz ebnen. Unternehmen könnten sich Ethereum für spezifische Anwendungsfälle oder zur Entwicklung maßgeschneiderter Blockchain-Lösungen zuwenden.

Zusammenfassend lässt sich sagen, dass die fortgeschrittenen Technologien von Ethereum nicht nur auf ihr eigenes Ökosystem beschränkt sind. Sie haben das Potenzial, die gesamte Blockchain zu gestalten und die Akzeptanz von dezentralen Anwendungen weltweit zu fördern. Diese Entwicklungen sind ein entscheidender Schritt zur Verwirklichung der Vision eines offeneren, transparenteren und gerechteren Internets durch die Blockchain.

Kapitel 11: Wirtschaftsanalyse und Preisentwicklung

Erkundung der wirtschaftlichen Auswirkungen von Ethereum und Analyse der Faktoren, die den Preis von ETH beeinflussen.

Wirtschaftliches Ökosystem von Ethereum

Die interne Wirtschaft von Ethereum wird von verschiedenen Akteuren angetrieben: Minern, DApp-Entwicklern, Endbenutzern und Investoren. Die Analyse, wie diese Parteien interagieren, wie Anreize verteilt sind und wie Transaktionsgebühren funktionieren, bietet Einblicke in die interne Wirtschaft von Ethereum.

Transaktionsgebührenmodelle

Die Transaktionsgebühren auf Ethereum variieren je nach Netzwerknachfrage. Diese Variation wird von Faktoren wie Netzwerküberlastung, Gasgebühren und Skalierbarkeitsverbesserungen beeinflusst. Das Verständnis dieser Preismechanismen ist entscheidend, um die zukünftige Netzwerknutzung vorherzusagen.

Analyse der Faktoren, die den ETH-Preis beeinflussen

Adoption und Nutzung Die zunehmende Akzeptanz dezentralisierter Anwendungen und DeFi-Protokolle auf Ethereum wirkt sich direkt auf die Nachfrage nach ETH aus. Die steigende Nutzung von DApps führt oft zu einer höheren Nachfrage nach ETH für Transaktionsgebühren und Interaktionen mit diesen Anwendungen.

Technologische Entwicklung und Updates Technologische Fortschritte wie der Übergang zu Ethereum 2.0 können den ETH-Preis beeinflussen, indem sie die Wahrnehmung der Anleger bezüglich der zukünftigen Fähigkeit des Netzwerks zur Bewältigung der Nachfrage und zur Lösung von Skalierbarkeitsproblemen verändern.

Marktstimmung und externe Faktoren Der Preis von ETH wird auch von der Marktstimmung, Nachrichten über die Blockchain und Kryptowährungen im Allgemeinen sowie von regulatorischen Richtlinien und globalen wirtschaftlichen Ereignissen beeinflusst.

Ausblick auf die wirtschaftliche Entwicklung von Ethereum Die Analyse der Ethereum-Wirtschaft und der Faktoren, die den ETH-Preis beeinflussen, hilft dabei, die finanzielle Dynamik hinter der Plattform besser zu verstehen. Dieses Verständnis ist für Investoren, Entwickler und alle, die sich im Ethereum-Ökosystem engagieren möchten, von entscheidender Bedeutung.

Kapitel 12: Ethik und Soziale Fragen

Reflexion über die ethischen Auswirkungen der Verwendung von Ethereum und ihren sozialen Einfluss.

Reflexion über die ethischen Implikationen

Dezentralisierung und Demokratisierung Ethereum strebt die Schaffung eines dezentralen Ökosystems an. Dies wirft jedoch Fragen zur Machtaufteilung und Governance auf. Wer hat die Kontrolle? Wie kann eine wirkliche Demokratisierung der Plattform gewährleistet werden, ohne dabei Machtkonzentrationen zu fördern?

Datenschutz und Transparenz Blockchain bietet einerseits eine beispiellose Transparenz. Andererseits kann sie die Privatsphäre der Benutzer beeinträchtigen. Wie balanciert Ethereum diese beiden Aspekte aus, um sowohl die Transparenz als auch den Datenschutz der Daten zu gewährleisten?

Sozialer Einfluss von Ethereum

Finanzielle Inklusion und Zugänglichkeit Ethereum eröffnet finanzielle Inklusion für nicht bankierte Bevölkerungsgruppen. Der Zugang zur Technologie bleibt jedoch für viele

Gemeinschaften eine Herausforderung. Wie kann Ethereum dazu beitragen, diese Ungleichheiten zu verringern?

Umweltfreundlichkeit Der von Ethereum verwendete Proof-of-Work (PoW), obwohl er sich in Richtung Proof-of-Stake (PoS) entwickelt, hat Umweltauswirkungen. Wie kann Ethereum Umweltziele erreichen und gleichzeitig innovative Lösungen vorantreiben?

Ethik in dezentralen Anwendungen (DApps)

Verantwortung der Entwickler DApps, die auf Ethereum aufbauen, können für verschiedene Zwecke genutzt werden. Wie stellen Entwickler die ethische Verantwortung ihrer Anwendungen sicher und berücksichtigen dabei mögliche soziale Auswirkungen?

Governance und Entscheidungsfindung Die Governance von DApps und Protokollen auf Ethereum wirft Fragen zur kollektiven Entscheidungsfindung auf. Wie kann eine demokratische und ethische Governance innerhalb dieser dezentralen Anwendungen gewährleistet werden?

Kapitel 13: Trends und zukünftige Prognosen

Die Erkundung von Vorhersagen und zukünftigen Trends für Ethereum, einschließlich möglicher Szenarien.

Das Verständnis aufkommender Trends und das Betrachten zukünftiger Szenarien für Ethereum sind entscheidend, um das potenzielle Wachstum dieser bedeutenden Blockchain-Plattform zu erfassen. Dieses Kapitel untersucht Prognosen und mögliche Trends für Ethereum.

Aufkommende Trends

Ausweitung der Anwendungsfälle Es wird erwartet, dass Ethereum seine Anwendungsfälle über die dezentrale Finanzierung (DeFi) hinaus diversifiziert. Bereiche wie Gesundheit, Governance, Logistik und geistiges Eigentum könnten sich als Expansionsgebiete für DApps auf Ethereum entwickeln.

Zunehmende institutionelle Adoption Die institutionelle Übernahme von Ethereum könnte sich beschleunigen, wenn die Technologie mit Ethereum 2.0 eine verbesserte Skalierbarkeit erreicht. Unternehmen könnten sich verstärkt für maßgeschneiderte Blockchain-Lösungen auf Ethereum-Basis interessieren.

Entwicklung der Governance Die Governance-Modelle im Ethereum-Ökosystem könnten sich zu komplexeren und dezentraleren Strukturen entwickeln, um besser auf die Bedürfnisse der Gemeinschaft einzugehen und eine gerechtere Entscheidungsfindung zu gewährleisten.

Mögliche Szenarien

Konsolidierung des Ökosystems Ein plausibles Szenario wäre eine Konsolidierung des Ethereum-Ökosystems mit einer engeren Integration verschiedener Anwendungen und Protokolle, was eine erhöhte Interoperabilität und Synergie zwischen Projekten fördern würde.

Wettbewerb und Zusammenarbeit mit anderen Blockchains Der Wettbewerb zwischen verschiedenen Blockchains könnte zunehmen, aber auch Partnerschaften und Zusammenarbeit könnten sich vermehren, was die Interoperabilität zwischen den Blockchain-Ökosystemen stärkt.

Übergang zu einer breiteren Adoption Wenn Ethereum seine technischen und regulatorischen Herausforderungen überwindet, könnte eine breitere Annahme durch die breite Öffentlichkeit Realität werden. Benutzerfreundliche

Anwendungen und greifbare Anwendungsfälle könnten zu einer massiven Übernahme führen.

Ausblick und Prognosen

Die Zukunft von Ethereum birgt Potenzial und Herausforderungen. Die Perspektiven umfassen ein kontinuierliches Wachstum, technologische Innovationen und eine Revolution in der Art und Weise, wie Transaktionen und Interaktionen online stattfinden.

Zusammenfassend weisen zukünftige Trends für Ethereum auf eine Diversifizierung der Anwendungsfälle, eine zunehmende institutionelle Adoption und sich entwickelnde Governance-Modelle hin. Mögliche Szenarien umfassen eine Konsolidierung des Ökosystems, engere Interaktionen mit anderen Blockchains und möglicherweise eine breite Übernahme durch die Öffentlichkeit. Diese Perspektiven zeichnen eine dynamische Zukunft für Ethereum im globalen Blockchain-Ökosystem.

Kapitel 14: Sicherheit und Sicherheitslücken von Ethereum

1. Tiefe Analyse vergangener Sicherheitslücken auf Ethereum

Sicherheit ist ein kritischer Aspekt für jede Blockchain-Plattform, und Ethereum bildet da keine Ausnahme. Dieses Kapitel konzentriert sich auf eine gründliche Analyse vergangener Sicherheitslücken auf Ethereum und die Lehren aus diesen Schwachstellen.

Analyse vergangener Sicherheitslücken auf Ethereum

Smart Contract-Angriffe Einige der bekanntesten Sicherheitslücken auf Ethereum waren mit Smart Contracts verbunden. Zum Beispiel führte der berühmte Vorfall des DAO-Vertrags im Jahr 2016 zu einer Spaltung in der Gemeinschaft und erforderte ein Eingreifen der Entwickler.

Protokoll- und Update-Schwachstellen Es wurden auch Schwachstellen in den zugrunde liegenden Ethereum-Protokollen entdeckt. Fehlimplementierte Updates oder Fehler im Code haben manchmal Sicherheitslücken eröffnet.

Angriffe auf Benutzer und Anwendungen Benutzer und auf
Ethereum aufgebaute Anwendungen können ebenfalls
Angriffsziele sein. Betrug, Wallet-Hacks und Phishing-Angriffe
wurden gemeldet.

Gelernte Lektionen und aktuelle Sicherheitsmaßnahmen

Verbesserungen im Entwicklungsprozess Ethereum-Entwickler
haben ihre Entwicklungspraktiken verbessert, indem sie
strengere Sicherheitsaudits durchführen und strengere Prozesse
für die Implementierung von Updates festlegen.

Stärkung von Protokollen und Sicherheitsstandards Initiativen
wie Entwicklungsrichtlinien, Sicherheitsrahmen und
Kodierungsstandards wurden eingeführt, um die Sicherheit von
Smart Contracts und Anwendungen zu stärken.

Sensibilisierung und Bildung Sicherheitssensibilisierung ist zu
einer Priorität geworden. Sensibilisierungskampagnen und
Bildungsressourcen wurden erstellt, um Benutzer über bewährte
Sicherheitspraktiken zu informieren.

Ausblick auf die Sicherheit von Ethereum

Vergangene Sicherheitslücken waren Lernmomente für
Ethereum. Obwohl bedeutende Verbesserungen vorgenommen
wurden, bleibt Sicherheit eine ständige Herausforderung, die

kontinuierliche Wachsamkeit und Anpassung an neue
Bedrohungen erfordert.

Zusammenfassend hat die Analyse vergangener
Sicherheitslücken auf Ethereum zu Verbesserungen der
Entwicklungspraktiken, zur Stärkung der Protokolle und zu einer
erhöhten Sicherheitssensibilisierung geführt. Diese Bemühungen
zielen darauf ab, die Sicherheit von Ethereum zu stärken und
zukünftige Sicherheitslücken zu verhindern, um das Vertrauen
der Benutzer und Entwickler in das Blockchain-Ökosystem zu
gewährleisten.

2. Aktuelle Sicherheitsmaßnahmen und Sicherheitstrends auf der Plattform

Aktuelle Sicherheitsmaßnahmen

Verbesserungen der Protokolle Ethereum hat bedeutende
Upgrades durchgeführt, um die Sicherheit zu stärken.
Änderungen im Rahmen von Ethereum 2.0, wie der Übergang zu
Proof-of-Stake (PoS), zielen darauf ab, die Sicherheit und
Energieeffizienz des Netzwerks zu verbessern.

Sicherheitsaudits und Überprüfungen Sicherheitsaudits sind für
Ethereum-Projekte zur Norm geworden. Entwicklungsteams
beauftragen spezialisierte Drittauditoren, um potenzielle
Schwachstellen vor der Bereitstellung von Smart Contracts und
Updates zu identifizieren und zu beheben.

Standards und bewährte Praktiken Die Festlegung von Sicherheitsstandards und bewährten Entwicklungspraktiken ist entscheidend. Organisationen wie die Ethereum Foundation und Entwicklergemeinschaften haben Leitfäden und Empfehlungen erstellt, um die Sicherheit von Ethereum-Projekten zu stärken.

Sicherheitstrends auf der Plattform

Entwicklung von Bedrohungen Angriffe entwickeln sich ständig weiter. Fortgeschrittenere Angriffsformen wie Smart Contract-Exploits, Reentrancy-Angriffe oder Front-Running-Angriffe entstehen, erfordern kontinuierliche Überwachung und Schutz.

Aufkommende Sicherheitstechnologien Die Annahme von Technologien wie Zero-Knowledge-Proofs und fortschrittlichen Datenschutzlösungen trägt dazu bei, die Sicherheit von Transaktionen zu stärken und die Privatsphäre der Benutzer auf der Blockchain zu schützen.

Fokus auf Bildung und Sensibilisierung Die Ethereum-Community konzentriert sich weiterhin auf kontinuierliche Sicherheitsschulungen. Initiativen zur Sensibilisierung von Entwicklern, Benutzern und Interessengruppen für Sicherheitspraktiken stehen im Vordergrund.

Zukünftige Perspektiven in Bezug auf Sicherheit

Die Sicherheit auf Ethereum entwickelt sich ständig weiter, um den zunehmenden Herausforderungen gerecht zu werden. Technologische Fortschritte, gestärkte Standards und eine bessere Zusammenarbeit in der Community tragen dazu bei, Ethereum auf zukünftige Sicherheitsprobleme vorzubereiten.

Zusammenfassend beinhalten die aktuellen Sicherheitsmaßnahmen auf Ethereum Verbesserungen der Protokolle, regelmäßige Audits, die Festlegung von Standards und eine besondere Aufmerksamkeit für aufkommende Bedrohungen. Sicherheitstrends zeigen eine ständige Anpassung, um neuen Bedrohungen zu begegnen, mit einem Fokus auf die Annahme aufkommender Technologien und kontinuierliche Bildungsmaßnahmen zur Stärkung der Ethereum-Plattformsicherheit.

Kapitel 15: Fortschrittliche technische Entwicklung

1. Forschung und fortgeschrittene technische Entwicklungen auf Ethereum

Forschung im Gange auf Ethereum

Ethereum 2.0 und die PoS-Implementierung Forschung konzentriert sich auf die Fertigstellung von Ethereum 2.0, das den Übergang zur Proof-of-Stake (PoS) markiert. Aspekte wie Endgültigkeit, Sicherheit und Effizienz des PoS-Konsensmechanismus werden intensiv erforscht.

Sharding und Skalierbarkeit Sharding steht im Mittelpunkt der Forschung zur Verbesserung der Skalierbarkeit von Ethereum. Untersuchungen konzentrieren sich auf Methoden, um die Netzwerklast effektiv zu verteilen und eine parallele Verarbeitung von Transaktionen zu ermöglichen.

Verbesserungen der Privatsphäre Forschung untersucht Lösungen zur Stärkung der Privatsphäre auf Ethereum. Fortschritte bei Zero-Knowledge Proofs, Transaktions-Mixing-Techniken und Datenschichtungen werden erforscht, um den Datenschutz zu verbessern.

Fortgeschrittene technische Entwicklungen

Rollups und Optimistic Rollups Rollups sind vielversprechende sekundäre Skalierungslösungen. Die Forschung konzentriert sich darauf, diese Mechanismen zu optimieren, um schnellere und kostengünstigere Transaktionen auf der Ethereum-Blockchain zu ermöglichen.

Entwicklung von Smart Contracts Die Forschung zielt darauf ab, Smart Contracts durch die Einführung fortschrittlicherer Standards, komplexerer Programmierfunktionen und einer verbesserten Interoperabilität mit anderen Plattformen zu verbessern.

Fokus auf Interoperabilität und Anpassungsfähigkeit Es wird daran gearbeitet, Ethereum kompatibler mit anderen Blockchains zu machen, um einen reibungsloseren Austausch und eine bessere Interoperabilität zwischen verschiedenen Ökosystemen zu ermöglichen.

Zukünftige Perspektiven für Entwicklungen

Die laufende Forschung und fortgeschrittene technische Entwicklung bieten einen vielversprechenden Ausblick auf die Zukunft von Ethereum. Der Fokus auf Skalierbarkeit, Privatsphäre und Interoperabilität deutet auf ein fortwährendes Innovationspotenzial im Ethereum-Ökosystem hin.

Zusammenfassend konzentrieren sich die laufende Forschung und die fortgeschrittenen technischen Entwicklungen auf Ethereum auf Ethereum 2.0, Sharding, die Verbesserung der Privatsphäre, Rollups, die Entwicklung von Smart Contracts und die Interoperabilität. Diese Fortschritte ebnen den Weg für ein weiterentwickeltes Ethereum, das technologische Herausforderungen bewältigt und Innovationen im Bereich Blockchain vorantreibt.

2. Ausblicke auf mögliche Entwicklungen der Protokolle und Technologien im Zusammenhang mit Ethereum

Ausblicke auf mögliche Entwicklungen der Protokolle und Technologien im Zusammenhang mit Ethereum

Entwicklungen in den Konsensprotokollen Zukünftige Perspektiven sehen eine fortlaufende Verbesserung der Konsensprotokolle vor. Der Übergang von Proof-of-Work (PoW) zu Proof-of-Stake (PoS) mit Ethereum 2.0 könnte den Beginn neuer Innovationen markieren, um Sicherheit, Effizienz und Umweltverträglichkeit zu verbessern.

Skalierbarkeit und Sharding Zukünftige Entwicklungen werden sich auf eine verbesserte Skalierbarkeit durch eine erfolgreiche Implementierung von Sharding konzentrieren. Die Perspektiven erwarten Lösungen, die die Netzwerkkapazität verbessern, um mehr gleichzeitige Transaktionen zu verarbeiten, insbesondere die aktuellen Engpässe.

Verbesserte Ansätze für die Privatsphäre Zukünftige technologische Entwicklungen könnten die Privatsphäre auf Ethereum stärken. Fortschritte in Datenschutzmechanismen wie Zero-Knowledge Proofs und Transaktionsmischtechniken könnten robustere Optionen bieten, um die Privatsphäre der Benutzer zu schützen.

Interoperabilität mit anderen Blockchains Die Zukunft könnte sehen, wie Ethereum Standards und Protokolle für eine verbesserte Interoperabilität mit anderen Blockchains entwickelt. Dies würde den Austausch von Daten und Werten zwischen verschiedenen Plattformen erleichtern und so das gesamte Blockchain-Ökosystem stärken.

Entwicklung der Smart Contract-Standards Die Perspektiven sehen eine kontinuierliche Verbesserung der Smart Contract-Standards auf Ethereum vor. Diese Entwicklungen könnten fortschrittlichere Programmiersprachen, erweiterte Funktionen und robustere Standards für mehr Sicherheit und Interoperabilität beinhalten.

Herausforderungen zu überwindende Probleme

Zukünftige Entwicklungen von Ethereum werden nicht ohne Herausforderungen sein. Die Lösung von Problemen wie Governance, Sicherheit, Adoption und Regulierung ist entscheidend, um einen reibungslosen Übergang zu fortschrittlichen Protokollen und Technologien zu gewährleisten.

Fazit Die zukünftigen Perspektiven für die Entwicklungen der Protokolle und Technologien im Zusammenhang mit Ethereum sind vielversprechend. Fortgeschrittene Technologien, aufgebaute Interoperabilität und verbesserte Funktionen stehen im Mittelpunkt der geplanten Entwicklungen, um Ethereum als Innovationsführer im Blockchain-Ökosystem zu erhalten.

Kapitel 16: Wirtschaft und Ökosystem von Ethereum

1. **Studie der internen Ökonomie von Ethereum, einschließlich Transaktionspreismodellen, Anreizen für Miner und Validatoren usw.**

Studie der internen Wirtschaft von Ethereum

Transaktionspreismodelle Die Ökonomie von Ethereum basiert auf einem Transaktionspreismodell, das auf dem Konzept von "Gas" beruht. "Gas" repräsentiert die Kosten für Operationen im Netzwerk. Ein Verständnis der Berechnung und Optimierung von "Gas" je nach Nachfrage ermöglicht es, die Dynamik der Transaktionskosten zu verstehen.

Anreize für Miner und Validatoren Miner auf Ethereum werden mit dem aktuellen PoW-System und dem zukünftigen Übergang zu PoS dazu angeregt, das Netzwerk durch die Validierung von Transaktionen zu sichern. PoS-Validatoren werden belohnt, um Mittel als Sicherheit zu binden, um am Konsens teilzunehmen und so zur Netzwerksicherheit beizutragen.

Inflations- und Deflationsmechanismen Das Verständnis der Geldpolitik von Ethereum ist entscheidend. Derzeit hat Ethereum eine unbegrenzte ETH-Versorgung, obwohl Vorschläge zur Reduzierung der Inflation geprüft werden. Der Übergang zu PoS zielt auch darauf ab, eine gewisse Deflation einzuführen, um den Wert von ETH zu erhalten.

Auswirkungen von Transaktionsgebühren auf die Netzwerknutzung Schwankende Transaktionsgebühren beeinflussen die Nutzung von Ethereum. Sie können die Lebensfähigkeit von DApps, die Geschwindigkeit von Transaktionen und die Gesamtnutzererfahrung auf der Plattform beeinträchtigen.

Angebots- und Nachfragedynamik

Steigende Nutzung und Adoption Die zunehmende Nutzung von DApps und DeFi-Protokollen treibt die Nachfrage nach Transaktionen auf Ethereum an und beeinflusst so die Transaktionsgebühren und die Netzwerkkapazität.

Einflussfaktoren auf die Nachfrage Ereignisse wie der Start neuer Projekte, Netzwerk-Upgrades, Nachrichten über die Blockchain und Trends auf dem Kryptowährungsmarkt beeinflussen die Nachfrage nach Ethereum.

Wirtschaftliche Auswirkungen auf das Ökosystem

Balance zwischen Kosten und Nutzen Die Preissetzung von Transaktionen und die Verteilung von Anreizen beeinflussen die Beteiligung von Nutzern und Netzwerkakteuren. Ein Gleichgewicht zwischen den Kosten und dem Nutzen von Transaktionen ist entscheidend, um ein gesundes Ökosystem aufrechtzuerhalten.

Angemessenheit von Anreizmechanismen Anreize für Miner und Validatoren müssen ausgeglichen sein, um die Sicherheit und Effizienz des Netzwerks zu gewährleisten und gleichzeitig eine ausreichende Rentabilität sicherzustellen, um ihr Engagement aufrechtzuerhalten.

2. Analyse der Auswirkungen von Ethereum auf die globale Kryptowährungswirtschaft.

Marktkapitalisierung und Einfluss auf den Markt Ethereum ist eine der führenden Kryptowährungen in Bezug auf die Marktkapitalisierung und spielt eine bedeutende Rolle in der Dynamik des Kryptowährungsmarktes. Seine Preisbewegungen, Updates und Adoption haben oft direkte Auswirkungen auf den weltweiten Markt.

Katalysator für Innovation im Blockchain-Ökosystem Ethereum war ein wesentlicher Katalysator für Innovationen im Kryptowährungs-Ökosystem. Sein Konzept von Smart Contracts hat viele neue Plattformen und Projekte inspiriert und damit zur Entwicklung und Diversifizierung der Blockchain beigetragen.

Evolution von Wirtschaftsmodellen DApps und DeFi-Protokolle auf Ethereum haben neue Wirtschaftsmodelle eingeführt. Konzepte wie dezentralisierte Finanzierung, Liquiditätspools und nicht fungible Tokens (NFTs) haben die Möglichkeiten der Kryptowährungsnutzung erweitert.

Beitrag zur weit verbreiteten Adoption von Kryptowährungen Ethereum spielte eine entscheidende Rolle bei der Popularisierung von Kryptowährungen für die breite Öffentlichkeit. Vielfältige Anwendungen und Nutzungsmöglichkeiten haben den Wert und das Potenzial der Blockchain für reale Anwendungen demonstriert und damit neue Benutzer in das Kryptowährungs-Ökosystem gelockt.

Auswirkungen auf die Finanzen und Finanzmärkte

DeFi-Revolution Ethereum war der Nährboden für das exponentielle Wachstum von DeFi. Protokolle, die Kredite, dezentrale Börsen (DEX) und Liquiditätsrenditen anbieten, haben traditionelle Finanzdienstleistungen gestört.

Expansion der tokenisierten Wirtschaft Die Möglichkeit, benutzerdefinierte Tokens auf Ethereum zu erstellen, hat zur Expansion der tokenisierten Wirtschaft geführt. Diese Tokens repräsentieren verschiedene Vermögenswerte, von digitalen Kunstwerken bis hin zu Eigentumsanteilen, und eröffnen neue Möglichkeiten für die Digitalisierung von Vermögenswerten.

Zukünftige Perspektiven für die Kryptowährungswirtschaft

Entwicklung von Anwendungen und Protokollen Zukünftige Entwicklungen auf Ethereum könnten weiterhin die Kryptowährungswirtschaft gestalten. Die fortlaufende Innovation in DApps, DeFi und verwandten Technologien könnte neue wirtschaftliche Dynamiken schaffen.

Zunehmende Integration in die traditionelle Wirtschaft Die verstärkte Integration von Ethereum und Kryptowährungen in die traditionelle Wirtschaft wird erwartet. Anwendungsfälle in der traditionellen Finanzierung, Logistik und anderen Branchen könnten zu einer breiteren Akzeptanz führen.

Der Einfluss von Ethereum auf die globale Kryptowährungswirtschaft ist signifikant und reicht von der Marktkapitalisierung über die Förderung von Innovationen bis hin zur Ausweitung von DeFi und der Evolution der Wirtschaftsmodelle. Diese Analyse unterstreicht die Bedeutung von Ethereum bei der Neugestaltung der modernen Finanzlandschaft und seiner Rolle als Treiber für die Akzeptanz und Innovation im Bereich der Kryptowährungen.

Kapitel 17: Adoption, Nutzung und reale Anwendungsfälle

1. **Untersuchung der realen Anwendungsfälle von Ethereum in verschiedenen Branchen (Finanzen, Lieferketten, Governance usw.).**

Finanzwesen

Ethereum ist das Herzstück der DeFi-Revolution. Plattformen, die Kredite, Liquiditätspools, dezentrale Handelsprotokolle (DEX) und innovative Finanzprodukte anbieten, haben auf Ethereum florieren, indem sie die Art und Weise verändern, wie Finanzdienstleistungen bereitgestellt und zugänglich gemacht werden.

Lieferkette und Logistik

Initiativen nutzen Ethereum, um die Herkunft von Produkten zu verfolgen, die Echtheit von Artikeln zu gewährleisten und die Rückverfolgbarkeit in Lieferketten zu verbessern. Diese Anwendungen ermöglichen eine erhöhte Transparenz und minimieren das Risiko von Fälschungen.

Dezentrale Governance

Ethereum wird in Systemen dezentraler Governance verwendet, bei denen Entscheidungen von Ethereum-basierten Governance-Token getroffen werden. Diese Plattformen ermöglichen es den Nutzern, Entscheidungen bezüglich der Entwicklung des Netzwerks oder Projekten zu treffen.

Nicht-fungible Tokens (NFT)

NFTs, die einzigartige digitale Eigentumsrechte darstellen, werden auf Ethereum ausgegeben. Sie werden in Kunst, Spielen, virtuellen Immobilien und anderen Bereichen verwendet, um einzigartige digitale Assets zu erstellen, zu kaufen und zu verkaufen.

Identität und Sicherheit

Anwendungen auf Ethereum erforschen den Einsatz der Blockchain für sichere digitale Identitäten. Diese Lösungen zielen darauf ab, Identitätsinformationen dezentral zu speichern und zu überprüfen, um den Nutzern eine größere Kontrolle über ihre Daten zu bieten.

Vor- und Herausforderungen der Ethereum-Anwendungsfälle

Vorteile

Transparenz und Unveränderlichkeit: Aufzeichnungen auf der Ethereum-Blockchain sind transparent und unveränderlich, was das Vertrauen in Transaktionen und gespeicherte Informationen stärkt.

Reduzierung von Zwischenhändlern: Die Verwendung von Smart Contracts auf Ethereum hilft, Zwischenhändler zu reduzieren, was wiederum Kosten und Zeit spart.

Herausforderungen

Skalierbarkeit: Die Skalierbarkeit ist eine Herausforderung für umfangreiche Anwendungsfälle auf Ethereum aufgrund der aktuellen Beschränkungen der Blockchain.

Transaktionsgebühren: Die Schwankungen der Transaktionsgebühren können den Zugang und die Nutzung für Nutzer mit begrenzten Ressourcen einschränken.

Zukünftige Perspektiven der Anwendungsfälle

Entwicklung dezentraler Anwendungen: Die Anwendungsfälle von Ethereum entwickeln sich ständig weiter. Die kontinuierliche Innovation dezentraler Anwendungen auf Ethereum könnte neue Einsatzgebiete und Nutzungsmöglichkeiten eröffnen.

Integration in traditionelle Sektoren: Die Integration von Ethereum in traditionelle Bereiche wie Finanzen, Gesundheitswesen oder Bildung könnte zu einer breiteren Akzeptanz und Nutzung führen.

Die Untersuchung der realen Anwendungsfälle von Ethereum in verschiedenen Branchen zeigt die Vielfalt der Anwendungen und Vorteile, die die Blockchain bietet. Diese Anwendungsfälle zeigen sowohl Erfolge als auch die Herausforderungen, denen sich Ethereum in seiner Rolle als Plattform für dezentrale und innovative Anwendungen gegenübersieht.

2. Bewertung der Adoption von Ethereum durch Unternehmen und Endbenutzer.

Adoption durch Unternehmen

a. Integration durch Unternehmen

Einige Unternehmen übernehmen Ethereum für verschiedene Anwendungen, insbesondere in den Bereichen Finanzen, Lieferkettenmanagement und Datenverwaltung. Sie erkunden die Vorteile von Smart Contracts, um Prozesse zu automatisieren und zu sichern.

b. Entwicklung proprietärer Lösungen

Unternehmen entwickeln spezifische, auf Ethereum basierende Lösungen, um ihren Anforderungen gerecht zu werden, insbesondere im Bereich Asset-Tracking, Identitätsmanagement oder Vereinfachung von Transaktionen.

Adoption durch Endbenutzer

a. Nutzung dezentraler Anwendungen (DApps)

Einige Endbenutzer nutzen DApps, die auf Ethereum basieren, um auf Finanzdienstleistungen zuzugreifen, Tokens zu investieren, an dezentralen Börsen teilzunehmen oder mit NFTs zu interagieren.

b. Beteiligung an dezentraler Finanzierung (DeFi)

Endbenutzer engagieren sich in DeFi-Protokollen auf Ethereum, um von Krediten, Liquiditätsrenditen, Staking, Yield Farming und anderen dezentralen Finanzdienstleistungen zu profitieren.

Bewertung der Adoption: Vor- und Nachteile

Vorteile der Ethereum-Adoption

Dezentralisierung und Transparenz: Die Benutzer profitieren von den Werten der Dezentralisierung und Transparenz, die Ethereum bietet, und ermöglichen Interaktionen ohne Zwischenhändler und unveränderliche Daten.

Vielfalt der Anwendungen: Das Ethereum-Ökosystem bietet eine Vielzahl von Anwendungen, von Finanzen bis hin zur Governance, und bietet den Benutzern eine breite Palette von Möglichkeiten.

Grenzen und Herausforderungen

Komplexität der Nutzung: Für nicht technische Benutzer kann die Interaktion mit Ethereum und seinen Anwendungen komplex sein und ein tiefes Verständnis von Kryptowährungen erfordern.

Transaktionsgebühren und Skalierbarkeit: Schwankende Transaktionsgebühren und Herausforderungen in Bezug auf die

Skalierbarkeit können die Annahme durch Benutzer einschränken, die kostengünstige und schnelle Transaktionen im großen Umfang suchen.

Zukünftige Perspektiven der Adoption

Vereinfachung der Benutzererfahrung: Bemühungen werden unternommen, um die Interaktion mit Ethereum benutzerfreundlicher zu gestalten und so die Adoption zu fördern.

Skalierbarkeit und Gebührenreduzierung: Geplante technische Entwicklungen, insbesondere mit Ethereum 2.0, zielen darauf ab, die Skalierbarkeit zu verbessern und die Transaktionsgebühren zu senken, um die Plattform für eine größere Anzahl von Benutzern attraktiver zu machen.

Die Bewertung der Ethereum-Adoption durch Unternehmen und Endbenutzer hebt sowohl die Erfolge als auch die Herausforderungen dieser Adoption hervor. Die Vorteile der Dezentralisierung und der Vielfalt der Anwendungen sind offensichtlich, aber Einschränkungen wie die Komplexität der Nutzung und die schwankenden Kosten müssen für eine breitere Akzeptanz vermittelt werden.

Kapitel 18: Bildung, Schulung und Ressourcen

1. **Ressourcen für das Lernen und die Schulung zu Ethereum: Leitfäden, Tutorials und bewährte Praktiken.**

Leitfäden und Tutorials

Offizielle Ethereum-Dokumentation: Die offiziellen Leitfäden und Dokumentationen zu Ethereum bieten eine solide Grundlage, um die grundlegenden Konzepte, Funktionen und Entwicklungsverfahren auf der Plattform zu verstehen.

Online-Communities und Foren: Foren wie Reddit (r/ethereum) oder Diskussionsplattformen wie Ethereum Stack Exchange bieten interaktive Diskussionen, Tutorials und Antworten auf spezifische Fragen von Entwicklern und Nutzern.

Kurse und Lernprogramme

Online-Kurse: Bildungsplattformen wie Coursera, Udemy und die Ethereum Foundation's Ethereum.org bieten Kurse, die sich von den Grundlagen bis hin zu fortgeschrittenen Themen für Entwickler und Nutzer mit Ethereum beschäftigen.

Workshops und Veranstaltungen: Workshops und Veranstaltungen, die von Entwicklern und Experten organisiert werden, bieten Möglichkeiten zum praktischen Lernen, Netzwerken und Austausch bewährter Praktiken.

Entwicklungstools

Entwicklungsumgebungen: Tools wie Truffle, Remix und Hardhat bieten Entwicklungsumgebungen zum Schreiben, Testen und Bereitstellen von Smart Contracts und dezentralen Anwendungen auf Ethereum.

Referenzen und Standards: Bibliotheken wie OpenZeppelin bieten Smart Contract Standards und wiederverwendbare Bibliotheken, die die sichere Entwicklung auf der Ethereum-Blockchain erleichtern.

Bedeutung von Bildungsressourcen

Stärkung des Verständnisses und der Adoption: Der Zugang zu hochwertigen Bildungsressourcen über Ethereum ist entscheidend, um die Technologie zu demokratisieren, das Verständnis zu verbessern und eine breitere Akzeptanz zu fördern.

Unterstützung von Innovation und Entwicklung: Gut unterstützte Ressourcen fördern Innovationen, indem sie Entwicklern die notwendigen Tools und Kenntnisse bieten, um neue Anwendungen zu erstellen und das Ethereum-Ökosystem zu verbessern.

Herausforderungen und zukünftige Perspektiven

Demokratisierung des Zugangs zur Bildung: Die Zugänglichkeit ist eine Herausforderung. Die Fortführung der Bereitstellung von Bildungsressourcen in mehreren Sprachen und ihre finanzielle Erreichbarkeit sind entscheidend, um ein vielfältigeres Publikum anzusprechen.

Weiterentwicklung mit der Technologie: Angesichts der schnellen Entwicklung der Blockchain-Technologie müssen Bildungsressourcen kontinuierlich aktualisiert werden, um neue Entwicklungen und bewährte Praktiken widerzuspiegeln.

Bildungsinitiativen und Sensibilisierung für Ethereum weltweit

Universitäre und akademische Programme

Kurse und Zertifizierungen: Einige Universitäten bieten spezifische akademische Programme zu Ethereum an, darunter Kurse zu Smart Contracts, Blockchain und dezentraler Anwendungsentwicklung.

Hackathons und Wettbewerbe: Veranstaltungen an Universitäten wie Hackathons ermutigen Studenten, Ethereum zu erkunden, Anwendungen zu entwickeln und ihre innovativen Ideen vorzustellen.

Gemeinschaften und gemeinnützige Organisationen

Meetup-Gruppen und Workshops: Lokale Enthusiasten organisieren Treffen und Workshops, um Wissen zu teilen, Anwendungsfälle zu diskutieren und praktische Interaktionen mit Ethereum zu ermöglichen.

Gemeinschaftsprojekte: Freiwilligeninitiativen vermitteln der Öffentlichkeit über Aufklärungsprojekte, in verschiedene Sprachen übersetzte Dokumentationen und Mentoring-Programme.

Beiträge von Unternehmen und Stiftungen

Firmeninterne Schulungsprogramme: Einige Unternehmen integrieren Ethereum in ihre internen Schulungsprogramme, um ihre Mitarbeiter mit der Blockchain-Technologie vertraut zu machen.

Unterstützung von Stiftungen: Stiftungen wie die Ethereum Foundation investieren in weltweite Bildungsinitiativen, unterstützen Schulungsprogramme, Hackathons und akademische Forschung.

Auswirkungen von Bildungsinitiativen

Bewusstsein und Demokratisierung der Technologie: Diese Bildungsinitiativen tragen dazu bei, ein breiteres Publikum für Ethereum zu sensibilisieren, die Blockchain-Technologie zu entmystifizieren und die Erkundung ihrer Anwendungen zu fördern.

Förderung von Innovation und Entwicklung: Indem sie zugängliche Bildungsressourcen bereitstellen, haben diese Initiativen zur Entstehung neuer Ideen, innovativer Projekte und zur Entwicklung von Fähigkeiten im Bereich Blockchain beigetragen.

Herausforderungen und zukünftige Perspektiven

Fortführung der Bildungsbemühungen: Die Technologie entwickelt sich schnell, und es ist entscheidend, Bildungsprogramme aktuell zu halten, um die neuesten Entwicklungen auf Ethereum widerzuspiegeln.

Zugänglichkeit und Erweiterung der Zielgruppen: Die Erweiterung der Bildungsprogramme, um verschiedene Zielgruppen, einschließlich derer aus unterrepräsentierten Regionen, zu erreichen, erfordert einen Fokus auf Zugänglichkeit und Inklusion.

Kapitel 19: Zusammenfassung externer Perspektiven

Visionen der Blockchain-Industrie-Leiter

Herausragende Entwickler: Interviews mit führenden Entwicklern zu Ethereum bieten Einblicke in technische Entwicklungen und zukünftige Herausforderungen für die Plattform.

Ökonomen und Analysten: Die Perspektiven von Ökonomen und Analysten bieten einen makroökonomischen Blick auf die Auswirkungen von Ethereum auf Finanzmärkte und die globale Wirtschaft.

Erfahrungen von Nutzern und Unternehmen

Endnutzer-Testimonials: Berichte von Endnutzern beschreiben ihre positiven und negativen Erfahrungen mit Ethereum und beleuchten die Vorzüge und Herausforderungen der realen Nutzung.

Unternehmensperspektiven: Beiträge von Unternehmen, die Ethereum nutzen, bieten Einblicke in spezifische Anwendungsfälle, beobachtete Vorteile und erforderliche Anpassungen.

Meinungen von Regulierungsbehörden und Institutionen

Regulierungsbehörden und Gesetzgeber: Standpunkte der Regulierungsbehörden zur Entwicklung der regulatorischen Rahmenbedingungen für Ethereum und Blockchain helfen dabei, regulatorische Trends zu verstehen.

Institutionelle Investoren: Meinungen institutioneller Investoren zur finanziellen Zukunft von Blockchain und Ethereum bieten eine wichtige finanzielle und strategische Perspektive.

Vielfalt der Perspektiven für ein tieferes Verständnis

Antizipierte Trends und Herausforderungen

Vielfältige Perspektiven bieten Hinweise auf aufkommende Trends und erwartete Herausforderungen für Ethereum, einschließlich Analysen zur Skalierbarkeit, Regulierung und Annahme.

Standpunkte zur technologischen Entwicklung

Externe Experten teilen ihre Ansichten über erwartete zukünftige technologische Entwicklungen, wie die Entwicklung von PoS, Skalierbarkeitslösungen und die Interoperabilität mit anderen Blockchains.

Fazit zu externen Perspektiven

Die Beiträge externer Experten bieten eine Vielzahl wichtiger Standpunkte, um die vielschichtige Entwicklung von Ethereum und Blockchain besser zu verstehen. Diese Perspektiven bereichern das Gesamtbild und helfen dabei, potenzielle Entwicklungen und kommende Herausforderungen zu antizipieren.

Kapitel 20: Globale und geopolitische Perspektiven

Analyse der Auswirkungen und der Annahme von Ethereum in verschiedenen geografischen und sozioökonomischen Kontexten weltweit.

Annahme in verschiedenen Ländern

Nordamerika: Analyse der wachsenden Annahme und Nutzung von Ethereum in den USA und Kanada sowie des Einflusses auf traditionelle Finanzmärkte.

Europa: Untersuchung der Integration von Ethereum in europäische Länder, unter Berücksichtigung spezifischer Vorschriften und förderlicher oder einschränkender Regierungsinitiativen.

Asien-Pazifik: Analyse der schnellen Annahme von Ethereum in asiatischen Ländern, Auswirkungen auf Technologie- und Finanzsektoren sowie Trends in der Regulierung.

Ungleichheiten und Vielfalt der Annahme

Entwicklungsländer: Untersuchung von Initiativen zur Verwendung von Ethereum zur Bewältigung sozioökonomischer Probleme in Entwicklungsländern sowie Erforschung von Annahmebarrieren.

Annahme-Ungleichheiten: Analyse der Unterschiede in der Annahme zwischen verschiedenen Weltregionen aufgrund sozioökonomischer, regulatorischer und technologischer Faktoren.

Geopolitische Auswirkungen von Ethereum

Auswirkungen auf die Geopolitik

Auswirkungen auf Finanzsysteme: Bewertung, wie die Annahme von Ethereum traditionelle Finanzsysteme stören und die globale wirtschaftliche Dynamik beeinflussen könnte.

Geopolitik und technologische Innovation: Analyse des geopolitischen Einflusses des Innovationswettlaufs in der Blockchain, Hervorhebung staatlicher Initiativen und Rivalitäten zwischen Ländern.

Implikationen für Souveränität und Politik

Digitale Souveränität: Überlegungen zu den Auswirkungen des Aufstiegs von Ethereum und dezentralen Technologien auf die Souveränität von Nationen und die weltweite Governance.

Regulierung und öffentliche Politik: Analyse der Regierungsreaktionen auf den Aufstieg von Ethereum, einschließlich regulatorischer Richtlinien und Bemühungen, die Annahme zu fördern oder zu bremsen.

Zukünftige Perspektiven der geografischen Annahme

Wirtschaftliche und soziale Entwicklung

Potenzial zur Verringerung von Ungleichheiten: Überlegungen zum Potenzial von Ethereum, den finanziellen Zugang zu verbessern und wirtschaftliche Ungleichheiten in verschiedenen Weltregionen zu reduzieren.

Anregung von Innovation: Erwartungen an die katalytische Wirkung von Ethereum auf Innovation und wirtschaftliche Entwicklung, insbesondere in Schwellenländern.

Entwicklung geopolitischer Dynamiken

Aufkommen von Technologiezentren: Vorhersagen über das Aufkommen von Technologiezentren auf Basis von Ethereum und deren Auswirkungen auf die Geopolitik und die Weltwirtschaft.

Rolle der internationalen Zusammenarbeit: Perspektiven auf die Notwendigkeit internationaler Zusammenarbeit zur effektiven Regulierung und Integration von Ethereum in den globalen geopolitischen Kontext.

Die Analyse der globalen und geopolitischen Perspektiven von Ethereum ermöglicht ein differenziertes Verständnis der Auswirkungen der Blockchain-Technologie in verschiedenen sozioökonomischen und geografischen Kontexten. Diese Bewertung unterstreicht die Bedeutung der Berücksichtigung geopolitischer Aspekte bei der Entwicklung und Annahme von Technologien wie Ethereum.

Kapitel 21: Partnerschaften und Zusammenarbeit

1. Zusammenarbeit mit anderen Blockchains und namhaften Protokollen

Interoperabilität zwischen Blockchains

Inter-Chain-Brücken: Analyse von Initiativen zur Schaffung von Brücken zwischen Ethereum und anderen großen Blockchains, um den Austausch von Vermögenswerten und Daten zwischen den Netzwerken zu ermöglichen.

Dezentrale Austauschprotokolle (DEX): Untersuchung von inter-Chain DEX-Protokollen, die den Austausch von Vermögenswerten zwischen verschiedenen Blockchains erleichtern und eine erhöhte Liquidität und Interkonnektivität bieten.

Zusammenarbeit für technologische Innovation

Partnerschaften für die Entwicklung: Untersuchung von Partnerschaften zwischen Ethereum und anderen namhaften Protokollen zur Zusammenarbeit an technischen Lösungen wie Skalierbarkeit oder Vertraulichkeit.

Gemeinsame Forschungsinitiativen: Analyse von gemeinsamen Forschungsprojekten zwischen Ethereum und anderen Blockchains zur Erforschung neuer fortschrittlicher Technologien und zur Lösung gemeinsamer Probleme.

Vorteile von Partnerschaften für Ethereum

Erweiterung der Kapazitäten

Verbesserte Skalierbarkeit: Partnerschaften zielen darauf ab, die Skalierbarkeit von Ethereum zu verbessern, indem sie Lösungen wie Sharding oder Rollups erkunden und von externen Innovationen profitieren.

Diversifizierung der Anwendungsfälle: Die Zusammenarbeit eröffnet neue Anwendungsfälle, indem einzigartige Funktionen anderer Blockchains in das Ethereum-Ökosystem integriert werden.

Stärkung des Blockchain-Ökosystems

Erhöhte Netzwerkeffekte: Partnerschaften stärken das gesamte Blockchain-Ökosystem, indem sie die Annahme fördern und durch den Austausch von Ressourcen und Wissen Innovationen anregen.

Verringerung von Eintrittsbarrieren: Die Zusammenarbeit kann die Hürden für die Annahme reduzieren, indem sie transparente und benutzerfreundliche inter-Chain-Lösungen für Benutzer bereitstellt.

Zukünftige Perspektiven der Partnerschaften

Erweiterung der Allianzen

Neue Protokolle und Netzwerke: Erwartung neuer Kooperationen mit aufkommenden Protokollen oder Nischen-Blockchain-Netzwerken zur Bereicherung des Ethereum-Ökosystems.

Erhöhung der Interkonnektivität: Prognose einer wachsenden Interkonnektivität zwischen Blockchains, um ein interoperableres und synergistischeres Blockchain-Ökosystem zu schaffen.

Auswirkungen auf die Annahme und Innovation

Stimulierung der Annahme: Partnerschaften können die Annahme von Ethereum beschleunigen, indem sie erweiterte Funktionen anbieten und die Bandbreite der Anwendungsfälle erweitern.

Katalysator für Innovation: Zusammenarbeit fördert kontinuierliche Innovation durch den Austausch von Ideen und Lösungen zwischen verschiedenen Entitäten im Blockchain-Bereich.

Partnerschaften und Zusammenarbeit von Ethereum mit anderen Blockchains und namhaften Protokollen stellen eine Schlüsselstrategie dar, um die Skalierbarkeit, Interkonnektivität und Annahme der Blockchain-Technologie zu verbessern. Diese Allianzen fördern Innovationen und stärken das globale Blockchain-Ökosystem.

2. **Auswirkungen von Partnerschaften auf das Ethereum-Ökosystem und die Blockchain im Allgemeinen**

Erweiterung der Nützlichkeit und Funktionalität

Diversifizierung der Anwendungsfälle: Partnerschaften bringen neue Funktionen und erweiterte Anwendungsfälle für Ethereum mit sich, die seine Attraktivität für eine breitere Nutzer- und Unternehmensbasis stärken.

Verbesserung der Interkonnektivität: Die Interoperabilität nimmt durch Partnerschaften zu, indem der Austausch von Vermögenswerten und Daten zwischen verschiedenen Plattformen gefördert wird, was den Wert des Ethereum-Ökosystems steigert.

Technologische Fortschritte und Innovation

Ressourcenteilung: Kooperationen ermöglichen den Austausch von Ressourcen und Wissen, beschleunigen die Entwicklung innovativer Lösungen und den globalen technologischen Fortschritt.

Gemeinsame Entwicklung von Lösungen: Partnerschaften fördern die gemeinsame Entwicklung technischer Lösungen und die Erkundung neuer Fortschritte, was die Position von Ethereum als Vorreiter der Blockchain stärkt.

Auswirkungen auf die Blockchain im Allgemeinen

Auswirkungen auf die Annahme und das Bewusstsein für Blockchain

Förderung der Annahme: Partnerschaften stärken das Vertrauen in die Blockchain-Technologie im Allgemeinen und ziehen die Aufmerksamkeit von Nutzern und Unternehmen auf sich, die von dieser Technologie profitieren können.

Verbesserung des Vertrauens: Erfolgreiche Partnerschaften stärken das Vertrauen in die Blockchain, indem sie deren Lebensfähigkeit und ihre Fähigkeit, sich in realen Anwendungen zu integrieren, demonstrieren.

Katalysator für sektorale Innovation

Entwicklung von Standards: Partnerschaften tragen zur Etablierung von Standards und bewährten Praktiken im Blockchain-Ökosystem bei und fördern so ein Umfeld für kontinuierliche Innovation.

Erprobung von Anwendungsfällen: Die Zusammenarbeit ermöglicht die Erprobung verschiedener Anwendungsfälle und fördert die Innovation in Bereichen wie Finanzen, Logistik und Governance.

Zukünftige Perspektiven der Auswirkungen von Partnerschaften

Wachstum des Blockchain-Ökosystems

Ausweitung der Zusammenarbeit: Die Zukunft verspricht ein Wachstum der Partnerschaften mit mehr inter-Chain-Kooperationen und strategischen Allianzen zur Bereicherung des gesamten Blockchain-Ökosystems.

Entstehung neuer Möglichkeiten: Partnerschaften eröffnen neue Innovations- und Annahmechancen und bringen so neue Anwendungsfälle und -erfahrungen für die Nutzer hervor.

Auswirkungen auf die Technologiereife

Konsolidierung von Standards: Mit zunehmenden Partnerschaften entsteht eine Konsolidierung von Standards, die die Blockchain-Technologie insgesamt stabilisiert.

Wachstum von Vertrauen und Stabilität: Erfolgreiche Zusammenarbeit stärkt das Vertrauen externer Akteure und stabilisiert das Bild der Blockchain als eine langfristige Technologie.

Partnerschaften spielen eine wesentliche Rolle bei der Erweiterung, Annahme und Innovation im Ethereum-Ökosystem und der Blockchain im Allgemeinen. Sie fördern die Interoperabilität, fördern die Innovation und stärken die Glaubwürdigkeit der Blockchain-Technologie, was neue Fortschritte und Chancen für die Zukunft eröffnet.

Kapitel 22: Fortgeschrittene Konzepte und technologische Entwicklungen

1. **Ausführliche Erkundung aufkommender Konzepte wie Rollups und sekundäre Skalierungslösungen.**

Rollups: Ein bedeutender Fortschritt Rollups stellen eine bedeutende Innovation in der Welt von Ethereum dar, indem sie eine vielversprechende Lösung bieten, um die Verarbeitungskapazität des Netzwerks erheblich zu verbessern. Diese Lösungen, die unter dem Begriff "Rollup" zusammengefasst werden, bieten einen innovativen Weg,

Transaktionen außerhalb der Hauptblockchain zu verwalten, indem sie Engpässe lindern und die Effizienz steigern. Die Essenz der Rollups liegt in ihrer Fähigkeit, mehrere Transaktionen in einer einzigen zusammenzufassen, wodurch die Daten für eine leichtere und schnellere Eintragung in die Hauptkette komprimiert werden. Es gibt zwei Hauptarten von Rollups: Optimized Rollups und ZK-Rollups (Zero-Knowledge Rollups).

Optimierte Rollups: Diese optimieren die Verwaltung von Transaktionen, indem sie eine Vielzahl von Operationen zusammenführen, insbesondere die Belastung der Hauptblockchain. Dies führt zu signifikanten Verbesserungen in Leistung und Kosten.

ZK-Rollups (Zero-Knowledge): Diese Rollups verwenden fortgeschrittene kryptografische Techniken, um die Gültigkeit von Transaktionen nachzuweisen, ohne die spezifischen Details jeder Transaktion preiszugeben. Dies gewährleistet die Vertraulichkeit und verbessert gleichzeitig die Skalierbarkeit.

Sekundäre Skalierungslösungen Neben Rollups sind sekundäre Skalierungslösungen ein weiterer wichtiger Aspekt für die Erweiterung von Ethereum. Sie bieten alternative Methoden zur Verarbeitung eines großen Transaktionsvolumens außerhalb der Hauptkette und verbessern so die Skalierbarkeit, ohne die Sicherheit oder Dezentralisierung zu beeinträchtigen.

Diese sekundären Lösungen können verschiedene Formen annehmen, wie Sidechains oder Skalierungsnetzwerke, von denen jedes spezifische Vorteile in Bezug auf Leistung, Kosten und Sicherheit bietet. Ihr Ziel ist es, den Druck auf die Hauptblockchain zu reduzieren, während ein hohes Maß an Sicherheit und Dezentralisierung aufrechterhalten wird.

Zusammenfassend markieren das Aufkommen von Rollups und sekundären Skalierungslösungen einen entscheidenden Schritt in der Entwicklung von Ethereum. Diese Innovationen versprechen nicht nur eine erhebliche Verbesserung der Netzwerkperformance, sondern eröffnen auch neue Anwendungsfälle und eine breitere Akzeptanz, was Ethereum zu neuen Höhen im Bereich der Blockchain und dezentralen Anwendungen führt.

2. Fortschritte in Privatsphäre und Sicherheit: Zero-Knowledge Proofs, Privatsphäre-Techniken

Zero-Knowledge Proofs: Identität schützen Fortschritte in der Privatsphäre auf der Ethereum-Blockchain sind entscheidend, um den Schutz sensibler Benutzerdaten zu gewährleisten. Zero-Knowledge Proofs (ZKP) gehören zu den bemerkenswertesten Fortschritten in diesem Bereich.

ZKP ermöglichen es, die Wahrheit einer Information nachzuweisen, ohne die Details dieser Information preiszugeben. Dies bedeutet, dass eine Person nachweisen kann, dass sie über spezifisches Wissen verfügt, ohne dieses Wissen selbst offenzulegen. Auf Ethereum führt dies zu Transaktionen und Interaktionen, bei denen nur die direkt beteiligten Parteien Details kennen, wodurch die Datenvertraulichkeit gewahrt bleibt.

Privatsphäre-Techniken: Sicherheit stärken Zusätzlich zu ZKP gibt es aufkommende innovative Privatsphäre-Techniken, um die Sicherheit von Transaktionen und Interaktionen auf der Blockchain zu stärken. Diese Techniken zielen darauf ab, Daten auf anspruchsvolle Weise zu verschlüsseln, wodurch nur autorisierte Parteien auf die ausgetauschten Informationen zugreifen können.

Zu diesen Techniken gehört insbesondere die homomorphe
Verschlüsselung, die es ermöglicht, Berechnungen auf
verschlüsselten Daten durchzuführen, ohne sie zu entschlüsseln
und somit die Vertraulichkeit der Informationen zu wahren.
Dieser Fortschritt bietet ein zusätzliches Maß an Datensicherheit
und stärkt das Vertrauen der Benutzer in die Sicherheit des
Ethereum-Netzwerks.

Zusammenfassend tragen diese Fortschritte in Privatsphäre und
Sicherheit, wie Zero-Knowledge Proofs und fortschrittliche
Privatsphäre-Techniken, dazu bei, das Vertrauen der Benutzer in
den Schutz ihrer persönlichen Daten und Transaktionen auf der
Ethereum-Blockchain zu stärken. Dies ebnet den Weg für eine
breitere Akzeptanz und vielfältigere Anwendungen dieser
revolutionären Technologie.

Kapitel 23: Rückblick auf die Ethereum-Versionen

1. **Ausführlicher Verlauf der vorherigen Versionen von Ethereum, mit Schwerpunkt auf der Entwicklung von Funktionen und bedeutenden Updates.**

Ethereum 1.0: Das Aufkommen

Die erste Version von Ethereum, die 2015 eingeführt wurde, war ein grundlegender Meilenstein in der Geschichte der Blockchain. Sie führte Smart Contracts ein und legte die Grundlagen für Dezentralisierung, wodurch Entwickler dezentrale Anwendungen (DApps) erstellen und autonome Verträge bereitstellen konnten.

Hauptaktualisierungen und funktionale Weiterentwicklungen

Im Laufe der Zeit hat Ethereum mehrere wichtige Updates durchlaufen, von denen jedes bedeutende Veränderungen mit sich brachte:

Homestead (2016):
Dieses Update konsolidierte die Sicherheit und Stabilität des Ethereum-Netzwerks und markierte einen bedeutenden Schritt zur Reife der Plattform.

Metropolis (Byzance und Constantinople - 2017-2019):
Diese Phase brachte signifikante Verbesserungen in Bezug auf
Privatsphäre, Sicherheit und Funktionen, insbesondere durch die
Einführung des Konzepts von ZKP (Zero-Knowledge Proof) und
neuer Opcodes.

Istanbul (2019):
Diese Aktualisierung führte Leistungsverbesserungen und
Anpassungen des Gebührensystems ein, um das Netzwerk
effizienter zu gestalten.

Berlin (2021):
Zielte darauf ab, den Betrieb des Netzwerks zu optimieren,
indem die Effizienz von Transaktionen verbessert und die
Sicherheit gestärkt wurde.

Auf dem Weg zu Ethereum 2.0: Der Übergang

Gleichzeitig hat sich Ethereum 2.0 als eine umfassende
Neugestaltung des Netzwerks herauskristallisiert, um die
inhärenten Skalierbarkeits- und Energieverbrauchsprobleme von
Ethereum 1.0 zu lösen. Dieser Übergang zu Ethereum 2.0
beinhaltet den Wechsel von Proof of Work (PoW) zu Proof of
Stake (PoS) sowie die Einführung von Sharding zur Verbesserung
der Netzwerkkapazität zur Verarbeitung einer großen Anzahl von
Transaktionen.

Auswirkungen der Updates auf die Community und die Akzeptanz

Jedes Update und jede Weiterentwicklung von Ethereum hatte einen signifikanten Einfluss auf die Entwickler-, Mining- und Benutzercommunity. Diese Änderungen haben die Benutzererfahrung geprägt, die Netzwerkeffizienz verbessert und oft Diskussionen über Skalierbarkeit und Plattform-Governance ausgelöst.

Zusammenfassend zeigt dieser Rückblick auf frühere Versionen von Ethereum die beeindruckende Entwicklung dieser Plattform seit ihren Anfängen auf. Er zeigt, wie jedes Update dazu beigetragen hat, die Blockchain zu formen, Probleme zu lösen und den Weg für die Zukunft von Ethereum als sich ständig weiterentwickelnde Technologie zu bereiten.

2. Auswirkungen der Updates auf die Gemeinschaft und die Adoption von Ethereum.

Auswirkungen der Updates auf die Gemeinschaft und die Akzeptanz

Die verschiedenen Versionen und Updates von Ethereum hatten signifikante Auswirkungen auf die Gemeinschaft, die Benutzer und die Gesamtakzeptanz der Blockchain-Plattform.

Engagement der Gemeinschaft

Jede neue Version führte zu einem hohen Maß an Engagement innerhalb der Ethereum-Community. Entwickler, Miner und Benutzer haben oft aktiv an Diskussionen, Tests und der Implementierung neuer Funktionen mitgewirkt. Diese Updates waren oft das Ergebnis eines dezentralisierten Entscheidungsprozesses, der eine Vielzahl von Akteuren einbezog und die kollaborative Natur der Plattform stärkte.

Auswirkungen auf die Benutzer

Die Updates haben oft die Benutzererfahrung auf Ethereum verbessert. Anpassungen an Transaktionsgebühren, Verbesserungen bei Geschwindigkeit und Netzwerkeffizienz sowie die Einführung neuer Funktionen haben die Plattform benutzerfreundlicher und attraktiver für ein breiteres Publikum gemacht.

Adoption und neue Anwendungsfälle

Jedes Update hat neue Möglichkeiten und Anwendungsfälle für Ethereum eröffnet. Verbesserungen in Sicherheit, Privatsphäre und Verarbeitungskapazität haben die Entstehung neuer dezentraler Anwendungen (DApps) ermöglicht und die Attraktivität von Ethereum für Branchen wie Finanzen, Logistik oder dezentrale Governance gestärkt.

Sorgen und Debatten

Diese Updates waren jedoch nicht frei von Diskussionen und Bedenken innerhalb der Community. Große Updates wie der Übergang zu Ethereum 2.0 haben Diskussionen über Governance, Sicherheit und Auswirkungen auf Miner und ETH-Inhaber ausgelöst.

Entwicklung und Anpassung

Letztendlich war jedes Update ein Katalysator für die Weiterentwicklung von Ethereum und hat die Community dazu angeregt, sich anzupassen, zu innovieren und technische Herausforderungen zu lösen, während sie sich weiterhin der Vision von Dezentralisierung und Zugänglichkeit verpflichtet fühlte.

Fazit

Die Auswirkungen der Ethereum-Updates reichen über rein technische Änderungen hinaus. Sie haben die Kultur, die Akzeptanz und die zukünftige Ausrichtung der Plattform geprägt, was die entscheidende Bedeutung der Wechselwirkung zwischen Technologie und Community für den Fortschritt einer Blockchain-Plattform dieser Größenordnung zeigt.

Kapitel 24: Tiefgreifende soziale Auswirkungen und ethische Herausforderungen

Gründliche Überlegungen zu den positiven sozialen Auswirkungen und den ethischen Herausforderungen im Zusammenhang mit der Verwendung von Ethereum in verschiedenen sozioökonomischen Kontexten.

Tiefe Überlegungen zu den sozialen Auswirkungen

Die Verwendung von Ethereum hat signifikante soziale Auswirkungen in verschiedenen sozioökonomischen Kontexten, die Chancen eröffnen, aber auch ethische Herausforderungen aufzeigen.

Finanzielle Inklusion:

Ethereum bietet über dezentrale Anwendungen (DApps) und DeFi-Lösungen Möglichkeiten zur finanziellen Inklusion, indem es den Zugang zu Finanzdienstleistungen ermöglicht, die zuvor für viele Menschen in unterbancarisierten Regionen oder in restriktiven traditionellen Finanzsystemen unzugänglich waren.

Transparenz und Governance:

Die Transparenz der Blockchain bietet Möglichkeiten für verbesserte Governance in verschiedenen Bereichen und ermöglicht eine größere Verantwortlichkeit und Beteiligung der Beteiligten.

Reduzierung von Intermediären:

Durch die Beseitigung von Zwischenhändlern kann Ethereum die Kosten senken und die Effizienz in Bereichen wie Finanztransaktionen, Versicherungen und Logistik steigern.

Ethische Herausforderungen, die berücksichtigt werden müssen

 Die Verwendung von Ethereum wirft jedoch auch wichtige ethische Fragen auf, die eingehend untersucht werden müssen.

Datensicherheit:

Die Transparenz der Blockchain kann Herausforderungen im Bereich des Datenschutzes und der Sicherheit persönlicher Daten darstellen, wodurch zusätzliche Maßnahmen zum Schutz sensibler Informationen erforderlich sind.

Gleichheit und Zugänglichkeit:

Trotz ihrer potenziellen Vorteile könnte Ethereum digitale
Ungleichheiten verstärken, wenn der Zugang zur Technologie
und zur für deren Nutzung erforderlichen Bildung nicht gerecht
verteilt wird.

Verantwortung und Regulierung:

Die Dezentralisierung kann die Verantwortlichkeit bei
missbräuchlichem Verhalten oder illegalen Transaktionen
erschweren, was eine eingehende Reflexion über die Regulierung
erfordert, ohne die grundlegenden Werte der Blockchain zu
stören.

Bedeutung der ethischen Bewertung

Eine rigorose ethische Bewertung ist entscheidend und die
Nutzung von Ethereum in verschiedenen Kontexten muss
fortgesetzt werden. Das Gleichgewicht zwischen technologischer
Innovation und sozialen sowie ethischen Implikationen muss
ständig überprüft werden, um sicherzustellen, dass die
sozioökonomischen Vorteile nicht auf Kosten der Ethik und
grundlegender menschlicher Werte erzielt werden.

Zusammenfassend unterstreicht diese eingehende Betrachtung der sozialen Auswirkungen und ethischen Herausforderungen im Zusammenhang mit der Verwendung von Ethereum die entscheidende Bedeutung der Berücksichtigung sozialer, ethischer und moralischer Implikationen bei der Einführung und Entwicklung dieser Technologie, um eine nachhaltige, faire und inklusive Zukunft zu fördern.

2. Potenzial von Ethereum zur Ermächtigung und Verringerung von Ungleichheiten in bestimmten Regionen oder Branchen.

Ermächtigung durch Dezentralisierung

Ethereum hat das Potenzial, Individuen und Gemeinschaften zu ermächtigen und gleichzeitig bestehende Ungleichheiten in einigen Regionen oder Branchen zu verringern.

Zugang zu Finanzdienstleistungen:

In unterbancarisierten oder schlecht bedienten Regionen durch traditionelle Finanzinstitutionen bietet Ethereum direkten Zugang zu Finanzdienstleistungen über DApps und DeFi und ermöglicht es Einzelpersonen, ihre eigenen Finanzen zu kontrollieren.

Chancen für kleine Unternehmen:

Die Ethereum-Blockchain bietet kleinen Unternehmen die Möglichkeit, Geschäftsprozesse zu rationalisieren und insbesondere Transaktionskosten zu senken, was neue Märkte öffnet und die Wettbewerbsfähigkeit verbessert.

Transparenz und Autonomie:

Die Transparenz und Unveränderlichkeit der Blockchain ermöglichen es Einzelpersonen, einen direkteren Einfluss auf ihre Daten und Vermögenswerte zu haben, was ihre Autonomie und Sicherheit stärkt.

Verringerung von Ungleichheiten durch Innovation

Ethereum hat das Potenzial, Disparitäten in verschiedenen Branchen zu reduzieren.

Bildung und Zugang zu Informationen:

Indem der Zugang zu Bildung und Informationen über dezentralisierte Plattformen erleichtert wird, kann Ethereum dazu beitragen, das Wissensgefälle in Regionen zu verringern, in denen der Zugang zu Informationen begrenzt ist.

Aufstrebende Volkswirtschaften:

In aufstrebenden Volkswirtschaften kann Ethereum als Katalysator dienen, um Innovationen voranzutreiben, Beschäftigungsmöglichkeiten zu schaffen und die wirtschaftliche Entwicklung zu fördern.

Dezentralisierung der Governance:

Dezentrale Governance ermöglicht es marginalisierten Gemeinschaften, eine aktivere Rolle bei Entscheidungen zu spielen, insbesondere bei Machtasymmetrien in bestimmten Kontexten.

Hoffnungen auf eine faire Zukunft

Obwohl das Potenzial von Ethereum zur Ermächtigung und Verringerung von Ungleichheiten signifikant ist, hängt seine vollständige Verwirklichung von der Fairness im Zugang zu Technologien, Bildung und Ressourcen ab, die für eine umfassende Teilnahme an diesem Ökosystem erforderlich sind.

Zusammenfassend unterstreicht diese Betrachtung des Potenzials von Ethereum zur Ermächtigung und Verringerung von Ungleichheiten die erheblichen Chancen, die diese Technologie bietet. Die Verwirklichung dieser Ziele erfordert jedoch ein kontinuierliches Engagement für Fairness und Inklusion sowie gemeinsame Anstrengungen, um Hindernisse für die Annahme und Beteiligung zu überwinden und eine gerechtere und inklusivere Zukunft zu schaffen.

Kapitel 25: Internationale Adoption und geopolitische Auswirkungen

1. **Tiefgreifende Analyse der Ethereum-Adoption in verschiedenen Ländern und Regionen unter Berücksichtigung von Hindernissen, Chancen und kulturellen Unterschieden.**

Analyse der globalen Ethereum-Adoption

Die Ethereum-Adoption variiert erheblich von Land zu Land und wird von einer Vielzahl von Faktoren beeinflusst, von wirtschaftlichen Bedingungen und Regulierungen bis hin zu kulturellen Besonderheiten. Diese eingehende Analyse untersucht diese Unterschiede, um die Hindernisse, Chancen und geopolitischen Dynamiken im Zusammenhang mit der Ethereum-Adoption besser zu verstehen.

Hindernisse und Herausforderungen

Regulierung und Gesetzgebung:

Unterschiedliche Regulierungen in verschiedenen Ländern können Herausforderungen für die weit verbreitete Ethereum-Adoption schaffen. Einige Regierungen haben einen restriktiven Ansatz gegenüber Kryptowährungen gewählt, was regulatorische Hindernisse schafft.

Infrastruktur und Zugang:

Unterschiede in der technologischen Infrastruktur und im Internetzugang in einigen Regionen können die Ethereum-Adoption einschränken und die Nutzung der Blockchain für einige Bevölkerungsgruppen erschweren oder unmöglich machen.

Vertrauen und Bildung:

Begrenztes Verständnis der Blockchain-Technologie und Misstrauen gegenüber neuen Technologien können Adoptionshürden darstellen.

Chancen und Potenziale

Aufkommen neuer Märkte:

In einigen Entwicklungsländern eröffnet Ethereum neue wirtschaftliche Märkte, bietet Chancen für Innovation und Wachstum.

Rolle bei der Innovation:

Die Ethereum-Adoption in progressiven Regionen ist oft mit innovativen Initiativen in Bereichen wie Finanzen, Gesundheit und Governance verbunden.

Kulturelle Vielfalt:

Kulturelle Vielfalt beeinflusst, wie Ethereum wahrgenommen und angenommen wird, wobei einige Länder die Dezentralisierung und Transparenz stärker schätzen als andere.

Kulturelle und geopolitische Unterschiede

Kulturelle Unterschiede spielen eine wichtige Rolle bei der Ethereum-Adoption und prägen Einstellungen und Verhaltensweisen gegenüber der Technologie.

Regierungsansätze:

Die Einstellungen der Regierungen gegenüber Kryptowährungen und der Blockchain-Technologie variieren und beeinflussen die regulatorische Umgebung und somit die Ethereum-Adoption.

Verhalten der Nutzer:

Kulturen, die Vertrauen und Transparenz schätzen, neigen möglicherweise eher dazu, Ethereum aufgrund seiner dezentralen Aspekte zu akzeptieren.

Bildung und Aufklärung:

Die Art und Weise, wie Bildung und Aufklärung betrieben
werden, kann das Verständnis und die Akzeptanz von Ethereum
in verschiedenen Kulturen beeinflussen.

Geopolitische Schlussfolgerung

Zusammenfassend zeigt die Analyse der internationalen
Ethereum-Adoption die Herausforderungen, Chancen und
kulturellen Nuancen auf, die die Adoption auf der ganzen Welt
prägen. Das Verständnis dieser geopolitischen Dynamiken ist
entscheidend, um eine breitere und inklusivere Ethereum-
Adoption zu fördern und der Technologie zu ermöglichen, einen
bedeutenden Beitrag zu globaler Innovation, wirtschaftlichem
Wachstum und sozialem Wandel zu leisten.

2. Geopolitische Auswirkungen des zunehmenden Einsatzes der Ethereum-Blockchain.

Der zunehmende Einsatz der Ethereum-Blockchain hat
tiefgreifende geopolitische Implikationen und definiert die
wirtschaftlichen, politischen und sozialen Dynamiken weltweit
neu.

Transformation des wirtschaftlichen Austauschs

Neue Handelsbeziehungen:

Das Aufkommen von Ethereum hat das Potenzial, internationale Handelsbeziehungen neu zu gestalten, indem es direkte und transparente Transaktionen zwischen Entitäten ermöglicht und oft traditionelle wirtschaftliche Strukturen umgeht.

Herausforderungen und Chancen für Staaten:

Staaten müssen ihre wirtschaftlichen und fiskalpolitischen Maßnahmen anpassen, um die Blockchain-Wirtschaft zu integrieren. Dies schafft Chancen für einige Länder und Herausforderungen für andere, die nationale Wettbewerbsvorteile beeinflussen.

Neugestaltung der Governance-Modelle

Dezentralisierung und Macht:

Die Ethereum-Adoption stellt zentrale Governance-Modelle in Frage, indem sie dezentrale Alternativen bietet. Dies umverteilt wirtschaftliche und politische Macht und beeinflusst traditionelle Governance-Strukturen.

Digitale Diplomatie:

Digitale Diplomatie entsteht als neues Handlungsfeld für Staaten, in dem die Förderung der Blockchain-Technologie, einschließlich Ethereum, zu einem strategischen Anliegen in internationalen Beziehungen werden kann.

Sicherheit und Geopolitik

Cybersicherheit und Souveränität:

Die Ethereum-Adoption wirft Bedenken hinsichtlich der Sicherheit und Souveränität von Daten auf und erfordert internationale Zusammenarbeit, um den Schutz nationaler Interessen zu gewährleisten.

Neue Formen der Zusammenarbeit:

Die Ethereum-Blockchain kann neue Formen der Zusammenarbeit zwischen Nationen fördern, insbesondere im Kampf gegen Betrug, Korruption und Geldwäsche.

Soziale und kulturelle Auswirkungen

Kulturelle Transformation:

Die Ethereum-Adoption beeinflusst die Kultur, indem sie Vertrauen, Transparenz und individuelle Autonomie fördert, Werte, die oft durch die Blockchain-Technologie gefördert werden.

Bildung und Arbeitskräfte:

Nationen, die in Bildung und Schulungen zur Blockchain investieren, einschließlich Ethereum, können eine kompetente Arbeitskräfte für die Zukunft entwickeln.

Geopolitische Schlussfolgerung

Zusammenfassend lässt sich sagen, dass die zunehmende Adoption der Ethereum-Blockchain über nationale Grenzen hinweg rezönt, die wirtschaftlichen, politischen und kulturellen Beziehungen weltweit neu gestaltet. Die Art und Weise, wie Staaten, Organisationen und Einzelpersonen sich dieser geopolitischen Transformation anpassen, bestimmt weitgehend die Richtung und den Umfang der Auswirkungen der Ethereum-Blockchain auf der internationalen Bühne.

Kapitel 26: Antworten auf fortgeschrittene Fragen

1. **Detaillierte Erkundung komplexer Fragen zur Governance, Skalierbarkeit und anderen technischen Herausforderungen von Ethereum.**

Dezentrale Governance:

Die Governance von Ethereum, die auf Dezentralisierung beruht, wirft komplexe Fragen auf. Wie können evolutionäre Entscheidungen ohne übermäßige Zentralisierung getroffen werden? Welche Mechanismen können eine faire Vertretung der beteiligten Parteien gewährleisten? Die eingehende Erkundung dieser Fragen zielt darauf ab, robuste und partizipative Governance-Modelle zu definieren.

Skalierbarkeit und Wachstum:

Die Herausforderungen im Zusammenhang mit der Skalierbarkeit von Ethereum sind entscheidend. Wie können schnelle Verarbeitungszeiten und niedrige Transaktionsgebühren aufrechterhalten werden, wenn das Netzwerk wächst? Die Erkundung von Skalierungslösungen wie Sharding und potenziellen Kompromissen ist entscheidend, um die Nachhaltigkeit des Netzwerks sicherzustellen.

Interoperabilität mit anderen Blockchains:

Die Kompatibilität und Interoperabilität zwischen verschiedenen Blockchains sind heikle Fragen. Wie kann eine reibungslose Kommunikation zwischen Ethereum und anderen Netzwerken sichergestellt werden, ohne die Sicherheit zu beeinträchtigen? Eine eingehende Erkundung von Interoperabilitätsprotokollen wie Blockchain-Brücken ist erforderlich, um eine breitere Akzeptanz zu erleichtern.

Umweltverträglichkeit:

Der Übergang von Proof of Work (PoW) zu Proof of Stake (PoS) zielt darauf ab, die Umweltverträglichkeit von Ethereum zu verbessern. Wie kann der Energieverbrauch minimiert werden, während Sicherheit und Dezentralisierung aufrechterhalten werden? Eine gründliche Analyse der Auswirkungen von PoS auf die Netzwerksicherheit und den ökologischen Fußabdruck ist entscheidend.

Herausforderungen und Lösungen:

Holistischer Ansatz Antworten auf die Komplexität der Governance:

Die Implementierung dezentralisierter Governance-Mechanismen wie DAOs (Dezentrale Autonome Organisationen) kann transparentere und inklusivere Entscheidungsfindung ermöglichen. Dies erfordert jedoch fortlaufende Bildung der

Beteiligten und eine ständige Anpassung an die neuen Realitäten des Netzwerks.

Strategien für Skalierbarkeit:

Die Integration von Skalierungslösungen wie Sharding und Rollups zielt darauf ab, die Kapazität des Netzwerks zu erhöhen. Es ist jedoch entscheidend, die Effektivität dieser Lösungen sorgfältig zu überwachen und sich den aufkommenden Herausforderungen im Verlauf der Blockchain-Technologieentwicklung anzupassen.

Sicherer Interoperabilität:

Die Entwicklung interoperabler Standards und sicherer Protokolle erleichtert den Austausch von Informationen und Vermögenswerten zwischen verschiedenen Blockchains. Die Einführung von Standards wie ERC-20 und ERC-721 zeigt den Weg zu einer reibungsloseren Interoperabilität.

Umweltorientierte Transition:

Der Übergang zu PoS ist ein Schritt hin zur Umweltverträglichkeit. Dies erfordert jedoch eine sorgfältige Verwaltung der wirtschaftlichen Anreize und eine kontinuierliche Überwachung der Netzwerkperformance, um optimale Sicherheit und eine wahrscheinliche CO2-Bilanz sicherzustellen.

Fazit: Die ständige Entwicklung von Ethereum
Zusammenfassend erfordert die Beantwortung fortgeschrittener
Ethereum-Fragen einen ganzheitlichen Ansatz, der technische
Innovationen, partizipative Governance-Modelle und eine
ständige Anpassung an die sich wandelnden Bedürfnisse der
Community kombiniert. Die eingehende Erforschung dieser
Herausforderungen gewährleistet eine kontinuierliche und
nachhaltige Entwicklung der Ethereum-Blockchain.

2. Ausblick auf potenzielle Lösungen für diese fortgeschrittenen Fragen.

Vorgeschlagene Lösungen:

Verbesserte DAOs:

Entwicklung fortschrittlicherer DAOs mit verbesserten
Abstimmungsmechanismen und einer besseren Vertretung von
Token-Inhabern.

Evolutionäre Abstimmungsprotokolle:

Erforschung von evolutiven Abstimmungsprotokollen für eine
reibungslosere und gerechtere Beteiligung der Community.

Skalierbarkeit und Wachstum: Vorgeschlagene Lösungen:

Implementierung von Sharding:

Die schrittweise Einführung von Sharding, um die Netzwerkkapazität von Ethereum zur Bewältigung eines größeren Transaktionsvolumens zu verbessern.

Optimierung von Rollups: Die kontinuierliche Optimierung von Rollup-Lösungen für maximale Effizienz bei der Transaktionsabwicklung.

Interoperabilität mit anderen Blockchains:

Vorgeschlagene Lösungen:

Interoperabilitätsstandards:

Etablierung interoperabler Standards zur Erleichterung des Austauschs von Vermögenswerten und Informationen zwischen verschiedenen Blockchains.

Verbesserte Brückenprotokolle: Entwicklung sichererer Blockchain-Brückenprotokolle für eine reibungslosere Interoperabilität.

Umweltverträglichkeit:

Vorgeschlagene Lösungen:

Optimierung von Proof of Stake: Die kontinuierliche Optimierung von Proof-of-Stake, um den CO2-Fußabdruck zu minimieren, während die Netzwerksicherheit gewährleistet wird.

Verantwortlicher Übergang: Ein schrittweiser und vorsichtiger Übergang von Proof of Work zu Proof of Stake, um die Auswirkungen auf Sicherheit und Umwelt zu mildern.

Herangehensweise und zukünftige Perspektiven Zusammenarbeit und Innovation:

Fortlaufende Zusammenarbeit: Förderung der Zusammenarbeit zwischen Entwicklern, Forschern und der Community, um diese Lösungen zu erkunden und umzusetzen.

Ständige Innovation: Förderung einer Kultur kontinuierlicher Innovation, um sich an neue Herausforderungen und Möglichkeiten anzupassen, die im Ethereum-Ökosystem entstehen.

Kapitel 27: Aktuelle Entwicklungen und zu beobachtende Projekte

1. **Hervorhebung laufender Entwicklungsprojekte, bevorstehender Updates und aufkommender Trends im Ethereum-Ökosystem.**

Aktuelle Entwicklungsprojekte Optimierung von Rollups:

Mehrere Teams arbeiten an Verbesserungen der Rollups, sekundären Skalierungslösungen, um die Effizienz und Geschwindigkeit von Transaktionen auf der Ethereum-Blockchain zu steigern.

Entwicklung von Brückenprotokollen:

Projekte konzentrieren sich darauf, die Brückenprotokolle zwischen verschiedenen Blockchains zu stärken, um die Interoperabilität zu verbessern und den Austausch von Vermögenswerten zwischen den Netzwerken zu erleichtern.

Verbesserung von DAOs:

Erhebliche Bemühungen konzentrieren sich auf die Verbesserung von DAOs, insbesondere auf Governance und die Repräsentation von Token-Inhabern für eine gerechtere Beteiligung.

Bevorstehende Updates

Übergang zu Ethereum 2.0:

Die nächsten Phasen von Ethereum 2.0, einschließlich der kontinuierlichen Einführung von PoS und der schrittweisen Einführung von Sharding, werden sehnsüchtig erwartet, um Skalierbarkeit und Umweltverträglichkeit zu verbessern.

Protokollentwicklungen:

Große Updates der Protokolle sind geplant, um Sicherheit, Effizienz und Interoperabilität von Ethereum zu verbessern und damit neue Anwendungen und Anwendungsfälle zu schaffen.

Aufkommende Trends

Dezentrale Finanzen (DeFi):

Der DeFi-Sektor auf Ethereum wächst weiter mit neuen Protokollen und Anwendungen, die die Möglichkeiten für dezentrale Kredite, den Austausch und das Staking erweitern.

Neue Anwendungsfälle:

Aufkommende Trends zeigen, dass Ethereum in Bereiche wie digitale Kunst (NFTs), dezentrale Governance und Tokenisierung realer Vermögenswerte vordringt. **Sicherheitsforschung:** Besondere Aufmerksamkeit wird der Sicherheitsforschung gewidmet, mit Initiativen zur Identifizierung und Behebung potenzieller Schwachstellen auf der Ethereum-Blockchain.

Zukunftsaussichten

Die aktuellen Entwicklungen und laufenden Projekte schaffen ein dynamisches und sich ständig weiterentwickelndes Ethereum-Ökosystem. Durch sorgfältige Überwachung dieser Fortschritte können zukünftige Trends vorausgesehen und aufkommende Chancen erkannt werden, die die Zukunft der Ethereum-Blockchain und ihrer dezentralen Anwendungen prägen werden.

2. Potenzielle Auswirkungen dieser Entwicklungen auf die Zukunft von Ethereum und der Blockchain.

Technologische Entwicklung

Skalierbarkeit und Akzeptanz:

Verbesserungen der Skalierbarkeit wie die Einführung von Sharding und die Verbreitung von Rollups könnten

Transaktionsgebühren reduzieren und die Verarbeitungsgeschwindigkeit erhöhen, was eine breitere Akzeptanz von Ethereum in verschiedenen Branchen fördern würde.

Sicherheit und Vertrauen:

Fortschritte in der Sicherheit stärken das Vertrauen von Benutzern und Unternehmen in die Zuverlässigkeit von Ethereum, was neue Anwendungsfälle anzieht und mehr institutionelle Investoren anzieht.

Auswirkungen auf das Finanzökosystem

Konsolidierung von DeFi:

Ein reiferes und sichereres DeFi zieht größere Geldströme an, schafft neue Investitionsmöglichkeiten und erweitert die Rolle von Ethereum im globalen Finanzsystem.

Tokenisierung realer Vermögenswerte:

Die Ausweitung der Tokenisierung realer Vermögenswerte wie Immobilien oder Kunstwerken eröffnet neue Märkte und bietet einen größeren Zugang zu traditionell illiquiden Vermögenswerten.

Einfluss auf die Innovation

Adoption durch andere Branchen:

Die Entwicklung von Ethereum hin zu skalierbareren und sichereren Lösungen zieht die Aufmerksamkeit von Branchen außerhalb des Finanzsektors auf sich und fördert die Innovation und Integration der Blockchain-Technologie in verschiedene Bereiche.

Entstehung neuer Wirtschaftsmodelle:

Die Verbesserung der Technologie ermöglicht die Entstehung neuer Wirtschafts- und dezentraler Governance-Modelle, die die Art und Weise, wie Unternehmen und Gemeinschaften interagieren und operieren, neu gestalten.

Antizipation von Herausforderungen

Komplexität von Updates:

Die Einführung großer Updates könnte Herausforderungen in Bezug auf Kompatibilität und Übergang mit sich bringen, die eine transparente Kommunikation und eine schrittweise Einführung erfordern, um Störungen zu minimieren.

Erhalt der Dezentralisierung:

Das Wachstum und die zunehmende Komplexität könnten
Herausforderungen für die Aufrechterhaltung der Prinzipien der
Dezentralisierung und Demokratie bei Ethereum darstellen.

Fazit: Evolution und Anpassung

Die aktuellen und zukünftigen Entwicklungen von Ethereum
versprechen eine bedeutende Weiterentwicklung der
Blockchain-Technologie, die den Weg für neue Möglichkeiten
und Herausforderungen ebnet. Die Auswirkungen dieser
Fortschritte hängen davon ab, wie die Ethereum-Community
Übergänge bewältigt, Herausforderungen vorhersehen und
Chancen ergreifen wird, um eine nachhaltige und innovative
Zukunft für die Ethereum-Blockchain zu gestalten.

Abschluss: Zusammenfassung der Schlüsselpunkte.

Die Reise durch das Universum von Ethereum hat eine
revolutionäre Blockchain-Plattform mit immensem Potenzial und
einzigartigen Herausforderungen enthüllt. Hier ist eine
Zusammenfassung der Schlüsselpunkte:

Revolution der Blockchain

Ethereum als Innovationsstütze: Durch die Einführung von Smart Contracts und einer programmierbaren Plattform hat Ethereum den Weg für zahlreiche dezentrale Anwendungsfälle geebnet.

Evolution und Fortschritt: Die Entwicklungen von Ethereum, vom Übergang von PoW zu PoS, von Sharding zu Rollups, bedeuten ständige Forschung nach Skalierbarkeit, Sicherheit und Nachhaltigkeit.

Auswirkungen auf Wirtschaft und Gesellschaft

DeFi und neue Finanzmodelle: Dezentrale Finanzen haben traditionelle Finanzmodelle umgestaltet und bieten neue Chancen und Herausforderungen.

Nachdenken über soziale Auswirkungen: Der Einsatz von Ethereum regt Gedanken über Ermächtigung, Reduzierung von Ungleichheiten und ethische Implikationen in verschiedenen sozioökonomischen Kontexten an.

Geopolitische Dynamik

Weltweite Adoption: Die Ethereum-Adoption variiert je nach Region aufgrund unterschiedlicher Vorschriften, Infrastrukturen und kultureller Wahrnehmungen.

Geopolitischer Einfluss: Die zunehmende Akzeptanz der Ethereum-Blockchain definiert neu die globalen wirtschaftlichen, politischen und kulturellen Beziehungen.

Zukünftige Herausforderungen und Chancen

Lösungen für die Zukunft: Herausforderungen wie Governance, Skalierbarkeit und Sicherheit finden Lösungen in kontinuierlicher Innovation und gemeinschaftlicher Zusammenarbeit.

Aussichten für Ethereum: Die aktuellen und kommenden Entwicklungen werden die Zukunft von Ethereum prägen und Auswirkungen auf Wirtschaft, Gesellschaft und internationale Beziehungen haben.

Zusammenfassend ist Ethereum nicht einfach nur eine Technologie, sondern eine transformative Kraft. Seine Zukunft liegt in der Fähigkeit der Gemeinschaft, Herausforderungen anzugehen und Chancen zu nutzen, um eine Landschaft zu formen, in der Dezentralisierung, Innovation und individuelle Autonomie auf einen vielversprechenden Horizont zulaufen.

Die Entdeckung des Ethereum-Universums hat uns mitten in eine beispiellose technologische und soziale Revolution geführt. Diese reiche Entdeckungsreise hat die Grundlagen, Fortschritte und Auswirkungen einer revolutionären Blockchain erforscht.

Ethereum hat den Weg in eine Ära geebnet, in der Vertrauen und Transparenz nicht mehr von Vermittlern abhängen, sondern auf autonomen und dezentralen Protokollen beruhen. Die Einführung intelligenter Verträge hat einen Horizont unendlicher Möglichkeiten eröffnet und Branchen wie Finanzen, Governance und kreative Kunst transformiert.

Diese ständige Evolution, von den Anfängen bis zur Entwicklung von Ethereum 2.0, spiegelt den Willen wider, technische Herausforderungen zu bewältigen und sich den sich verändernden Bedürfnissen einer globalen Gemeinschaft anzupassen.

Doch mit Innovation und Chancen kommen auch tiefe Überlegungen. Die soziale, wirtschaftliche und geopolitische Auswirkung von Ethereum äußert sich in Debatten über

Governance, Gleichberechtigung und neu definierte
internationale Beziehungen.

Die Zukunft von Ethereum liegt in der Fähigkeit, Innovation und
Ethik zu vereinen, die Dezentralisierung zu bewahren und
gleichzeitig die zunehmende Komplexität der Technologie zu
bewältigen. Es ist eine faszinierende Herausforderung, bei der
jeder Fortschritt, jedes Projekt ein widerstandsfähigeres und
inklusiveres Ökosystem formt.

Daher, beim Durchblättern dieses Buches, betrachten wir einen
Horizont, in dem die Ethereum-Blockchain, weit mehr als nur
eine Technologie, eine Vision für eine gerechtere, transparentere
und vernetztere Welt verkörpert. Eine Zukunft, in der
Dezentralisierung Grenzen überschreitet, um neue Formen von
Vertrauen, Zusammenarbeit und unendlichen Möglichkeiten zu
schaffen.